幸せを引き寄せる

ベトナム不動産投資

Vietnam Groove CEO
レ・ティ・タン・ハン
Le Thi Thanh Hang

Property Access株式会社
代表取締役
風戸裕樹
Hiroki Kazato

はじめに

ベトナム不動産の「外国人保有」が解禁されてから、2024年で約10年が経ちました。

この10年、ベトナム不動産を購入する外国人が増えたことで、ベトナムでは、不動産取引の流れや法制度がかなり整備されました。歴史が浅い市場ゆえに起こっていた混乱もおさまり、安心して不動産取引ができる環境が整ってきています。

また、同年には、ベトナム最大の商業都市ホーチミン市において、ようやくメトロ（公共交通）1号線の運行が開始されるなど、近年はインフラ面でもめざましい成長を遂げつつあります。こうしたことから、私は投資を行うなら今が好機と考え、ベトナム不動産の現状や今後を見据えた展望をお届けしたいと思い、本書の刊行にいたりました。

本書の最大の特徴は、ベトナム人であり、ベトナム不動産の専門家でもあるレ・ティ・

タン・ハン（Le Thi Thanh Hang）さんが共著者である点です。

ハンさんがCEOを務めるベトナムグループ（VietnamGroove）は、ベトナム最大手デベロッパーであるビンホームズの日本担当総代理店として、ベトナムの企業だけでなく日系企業とも確かなネットワークを築いています。

ハンさんと知り合ったのは、私が代表を務めるProperty Access株式会社が主催した「世界の家・投資フェア」に、VietnamGrooveが出展されたことがきっかけでした。現在では、野村不動産ソリューションズとVietnamGroove、当社の3社が各社間で業務提携を結び、日本のお客様に対して、ベトナム不動産の各種有用な情報を紹介するパートナーとなっています。

日本にいるだけでは知り得ない、現地の生《なま》の情報とともに、VietnamGrooveのネットワークを活かして、今まさにベトナムの不動産市場を動かしている、ベトナム企業の責任者や日系企業の担当者のインタビューも掲載しています。

私自身は、日本の投資家が海外不動産へ投資をする際の支援事業を長年行っており、ベトナムに限らず、さまざまな国や地域の不動産市場を、実際にこの目で見てきました。その経験からも、新興国、成長国への不動産投資を検討する際に、間違いなくトップ3に入ると言えるのが現在のベトナムです。

底堅い経済成長予測、人口成長、そして勤勉な国民性などから、かつての中国のような成長が期待でき、外国人投資家による投資が、これからさらに増えていく不動産市場であることは間違いないでしょう。

もちろん、他の多くの海外不動産市場と同じく、ベトナムの不動産市場も、いいことばかりではありません。物事にはメリットがあれば、デメリットもあります。

本書では、ベトナム不動産の良い点ばかりでなく、注意点についても言及し、できるだけリアルなベトナムの情報を届けたいと思っています。ベトナムが好き、東南アジアが好きという人であれば、投資経験のあるなしにかかわらず、興味をもってもらえる内容ではないでしょうか。

そして、日本から世界へと一歩を踏み出し、ベトナムを実際に訪れてみれば、その力強さ、明るさ、希望に満ちた未来を感じられることでしょう。

一口に「投資」と言っても、投資先は、不動産に限らずさまざまです。不動産自体も、ベトナム以外に魅力的な国はたくさんあります。選択肢は多種多様です。そうしたいくつもの選択肢の一つが、ベトナム不動産です。知識を深め、メリットもデメリットも理解したうえでベトナム不動産を購入し、それが将来にわたって、あなたの貴重な資産となることを願っています。

Property Access 株式会社代表取締役　風戸裕樹

幸せを引き寄せるベトナム不動産投資　目次

1章

なぜ海外不動産に投資すべきなのか

風戸

２章　投資先としてベトナムが魅力的な理由　ハン

3章

今が買い時のベトナム不動産　ハン

4章
押さえておくべきベトナム不動産取引の基礎知識 ハン

5章 ベトナムのおすすめエリアはここ！ ハン

6章

おすすめ物件情報 ハノイ

凡　例

・本書の情報は、特に記載のない限り2024年８月時点のものです。
・本書で紹介している物件についての免責事項
　1. ご購入タイミングによっては、分割金の残存月数が少なくなるため、分割金の価格が上昇することがあります。
　2. 販売済の場合はご容赦ください。購入時にはアドバイザリー報酬が発生します。アドバイザリー報酬は、各不動産会社によって異なります。
　3. 表示価格は、デベロッパー、為替変動などの要因を受けて変動することがあります。
　4. 物件価格のほか不動産引き渡しや公証費用などの諸費用等が発生いたします。

1章

なぜ海外不動産に投資すべきなのか

風戸

2024年は日本人の投資元年になるか

「貯蓄から投資へ」

この言葉を聞いたことがあるでしょうか。日本政府は、2000年代の初めから、このスローガンを掲げて経済政策を進めています。しかし実際には、国民のお金はなかなか貯蓄から投資へとは移らず、銀行預金は数十年間増え続けている状態です。全国の銀行110行の預金残高は、直近の5年間を見ても、増え続けていることがわかります（一般社団法人全国銀行協会）。

しかし、2024年1月、税制面などが大幅に改良された「新NISA（少額投資非課税制度）」がスタートしました。日経平均株価は、バブル経済と呼ばれた1989年12月29日の3万8915円という最高値を、2024年7月に更新し4万2224円となり、好調に推移しています。

新NISAを新たに導入したことでもわかる通り、日本政府は「投資は国民の義務だ」と言わんばかりに、国民が投資を行うことを積極的に促《うなが》しています。そこには、将来的に年金が減っていくのは確実なため、「自分の責任で投資を行って、老後資金は自分で稼いでください」という本音が隠されています。しかし、ストレートにそう言ってしまうと大問題になるので、新NISAのような投資を促す制度を新たに導入することで、暗にそのことを伝えているわけです。

日本政府の暗示を理解したわけではないでしょうが、2023年後半から徐々にNISA口座の開設数が増えているのを見ると、いよいよ日本人も、「貯蓄から投資へ」と動き出しつつあるのかもしれません。

実際、初めて投資を行う人にとっては、新NISAを活用して、安全性が比較的高い投資信託などを始めるのは、リスク管理の意味からも良いと思います。まず始めてみれば、実践を通じて金融知識や投資知識が少しずつ身につきます。それから株式投資や不動産投資へと進んでいくというのが

図表1-1◎銀行預金額の推移

全国銀行(110行)　　単位:億円、%

年月末	預金		
	残高	前年比	
		増減額	増減率
2018.12	7,443,615	235,941	3.3
2019.12	7,590,575	146,959	2.0
2020.12	8,325,129	734,555	9.7
2021.12	8,594,961	269,832	3.2
2022.12	r 8,851,378	r 256,417	3.0
2023.12	9,121,015	269,638	3.0

出典:一般社団法人全国銀行協会

〔注〕「増減額」「増減率」は、前年12月末残高との比較。

常道でしょうか。

そうした意味で、2024年は、日本人の投資へのマインドが大きく変わる「投資元年」となったと、私は見ています。この波に乗らない手はないでしょう。

物価高と円安のダブルで貧しくなる日本人

日本人が貯蓄から投資へと舵を切るのを後押ししているのは、新NISAだけではありません。円安も大きな影響を与えています。

新型コロナウイルスのパンデミックがようやく落ち着き、世界中で海外旅行に行く人が増えてきました。日本国内でも、あちこちで外国人観光客を見かけます。

一方で、コロナが明けて久しぶりに海外に行った日本人は、コロナ前と比べて何もかも価格が高くなったと感じるはずです。私も仕事柄、海外には頻繁に行きますが、どの国に行っても、物価が日本よりはるかに上がっていることを実感します。

たとえば、グアムでちょっとタクシーに乗っただけでも20ドルを超える。1ドル＝150円とすると3000円以上かかることになります。1ドル＝100円だったときは20

00円超だったわけですから、物価高に加えて円安になったことで、日本人はダブルで価格の高さを感じるのです。

言葉を換えれば、それだけ日本人が世界的に見て貧しくなっているのだとも言えます。海外に行き、そのことを実感した人たちは、日本円の資産しか持っていないと、将来的にもっと貧しくなるのではないかと危機感を持ち始めています。

為替レートは、その国の経済力を反映します。つまり、円安になるのは日本の経済力が弱まっているからです。今後、少子化・高齢化がさらに進むことは間違いなく、そうなれば日本の経済力は、もっと弱まっていくでしょう。

そこで、日本円の資産だけでなく、海外の資産を持つことがリスク回避になります。それには、海外の株式や投資信託に投資するのも1つの選択肢ですし、同様に、海外不動産に投資することも、選択肢の1つになるのです。

優秀な若者ほど海外に脱出する

円安が進んだことで、日本で働いて稼ぐよりも、海外に行って働いたほうがより多くの収入を得られると考える日本人も出始めています。海外で高給を得られる優秀な人ほど、日本を脱出し、海外に職を求めて出て行っているのです。これは日本という国にとって由々しき事態ではないでしょうか。

なぜなら、ただでさえ少子化で少なくなっている若い人が海外に行ってしまうと、さらに日本国内の働き手が減ってしまうからです。働いて稼ぐ人が減れば、それだけ税金を払う人も減ります。

高齢者の医療や福祉を支えているのは主に税金です。その税金が減るということは、高齢者を支えることができなくなるということです。

若い人が日本で働いて稼ぎ、税金を納める。その税金が高齢者の医療や福祉に使われる。これが理想のかたちでしょう。そのためには、日本の若い人たちが喜んで働きたくなるような、優遇する政策を考え、実行する必要があります。

しかし、日本の政治家で、若い人たちのことを考えて政策づくりを行い、その政策を実行に移そうと動いている人がどれだけいるでしょうか。おそらく、ほとんどいないと思います。その理由は簡単で、「票にならない」からです。若者は人口が少なく、しかも投票率が低い。一方、高齢者は人口も多く、投票率も高い。政治家は自分が当選するために、高齢者のための政策を掲げます。政治が高齢者に迎合していると言っても過言ではないでしょう。

日本の将来を憂えるなら、若い人たちのための政策を行っていかなければならない。にもかかわらず、それがほとんど行われない。日本にはこうした構造的な問題もあります。

現在はかろうじて先進国に含まれている日本ですが、10年後も先進国と呼ばれているかは疑わしいと思います。Ｇ7から外されていないとも限りません。

政治にしても、経済にしても、ビジネスにしても、今後も国内だけを見て、国内ばかりを重視していたら間違いなくそうなるのではないでしょうか。こうしたことにうすうす気がついている優秀な若者たちが海外に出て行くのは当然です。

進取の精神で次世代を導こう

若い人たちには、日本から海外に出て行って働き、高収入を得るという選択肢もありますが、それを実行できる人は少数かもしれません。それよりも現実的なのは、日本で働きながら海外投資を行い、外貨を稼ぐことでしょう。

日本で働いて得た収入に加えて、海外投資で稼ぐことができれば、それだけ収入が増えます。円安になると給料は目減りしますが、海外投資で得た外貨は目減りしません。リスク分散にもなるわけです。

これは若い人に限ったことではありません。30代であれ、40代であれ、50代であれ、誰もが持ちうる選択肢です。

日本で働いている人も、海外に投資をすることにより、国際的な投資リテラシーや金融リテラシーが自然と磨かれ高まります。若い世代が投資リテラシーや金融リテラシーを身につければ、世界各国と渡り合っていくことも可能です。そうやって若い人たちが国際的に活躍できることは、今後の日本にとって何よりも重要でしょう。日本政府は、若者を支援する政策を考え、そのためにお金を使うべきなのではないでしょうか。

一方で、40代、50代の人たちが若い世代を導くこともできるはずです。

40代、50代の人たちが進取の精神を発揮して海外に投資する。その姿を20代、30代が見て、それに続こうと考えるかもしれません。失敗事例も含めて、先例が多くあればあるほど、投資のハードルは下がり、成功確率は上がります。40代、50代が自分たちの背中を見せて次世代を導くべき存在になることも十分に可能なのです。

もちろん、海外への投資は「自分の老後のため」であり、「自分の資産を増やすため」です。それが第一義であることは間違いありません。

ただ、それだけでなく、「日本の次世代のため」にもなるということも、ぜひ知っておいていただきたいと思います。

海外不動産投資は社会貢献になる

さらに言うならば、海外不動産への投資は社会貢献にもなります。

たとえば、日本は経済力が弱まっていると言っても、住む家がない人はごくごく少数です。しかし、新興国では、その家すらない人もまだまだいるのが現実です。狭い部屋を借り、家族が身を寄せ合って生活しているような人たちも数多くいます。

日本では、住む人がいなくなった「空き家」が問題になっていますが、新興国では、まだまだ住宅の数が足りていないのです。

住宅不足を解決するためには、住宅をつくる必要があります。しかし、住宅をつくる企業――住宅開発を行うデベロッパーは、つくった住宅が売れなければビジネスになりません。住宅を買う見込みのある人たちがたくさんいて、初めてデベロッパーは住宅開発を行えるのです。裏を返せば、住宅を買える人が少なければ、企業は住宅をつくりません。売れないものをつくっても儲からないからです。

近年、新興国の多くが経済的に成長しており、急激に豊かになっていますが、それでも住宅を買えない人が大勢います。低所得者層は、住宅ローンを組めないか、組めても金利を払うのに四苦八苦してしまうのが現状です。

もちろん住宅を買える中間層も増えてはいます。ただ、その人たちだけでは、企業が住宅開発プロジェクトを積極的に行うインセンティブになりません。

しかし、外国人が投資目的で住宅を買ってくれるのであれば話は変わります。豊かな国の投資家が、新興国の新築住宅の買い手になるならば、デベロッパーは安心して住宅開発を行えます。

つまり、日本人が新興国の新築不動産を買うことで、その国の住宅開発が促進されるのです。不動産への投資は、新興国の成長を支援することにつながるのです。

外国人投資家が買った新築不動産の多くは、賃貸住宅として貸し出されます。エリアや価格によって借り手は変わりますが、当然、地元の人たちが借りて住む場合もあります。

買うことはできなくても、借りることはできるからです。

また、外国人投資家が購入した住宅は、何年後になるかはわかりませんが、いずれ売りに出されます。貯蓄が足りず住宅が買えなかった地元の人も、今後年収が上がったり、結婚してダブルインカムになったりすることで、住宅を買える可能性も高まるでしょう。自分の家が持てることは、地元の人たちにとって非常にうれしいことです。その手助けが、私たちにもできるのです。

外国人が購入できるのは1プロジェクトあたり3割まで

本書で紹介するベトナム社会主義共和国では、1つの住宅開発プロジェクトで外国人が購入できる住宅戸数は3割まで、残りの7割はベトナム人向けの住宅にすることが国から義務づけられています。

なぜこのような義務づけの制度があるのかと言うと、ベトナムの住宅不足を解消するためです。

ベトナムで外国人に新築住宅の販売・所有が認められるようになったのは2015年か

らで、まだ10年も経っていません。それまでは、外国人に住宅を販売することはできませんでした。ベトナム政府は、外国人に新築住宅を販売することを新たに認める代わりに、ベトナム人向けの住宅をつくることをデベロッパーに義務づけ、住宅不足の解消を図ろうと考えたのです。

外国人が高価な新築住宅を買うことで、デベロッパーは利益を得ることができます。その利益によって、ベトナム人の低所得者層向けのソーシャルハウジング（公営住宅）がつくられます。ソーシャルハウジングの利益は最大10%と決められており、1戸は30㎡ぐらいからと広くはありませんが、一般的なベトナム人のワーカーでも買える価格になっています。

こうしたベトナム人向け住宅だけを開発しても、デベロッパーにとって大きなビジネスにはならないので、外国人に販売することを目的とした住宅の開発・販売を3割に限って認め、残りの7割はベトナム人向けの住宅をつくることを義務づけているというわけです。

日本では高度経済成長期に、住宅不足を補うため日本住宅公団という特殊法人がつくられ、一般的なワーカーでも買える、あるいは借りられる安価な公団住宅がたくさんつくられました。ベトナムでは、その代わりにソーシャルハウジングをデベロッパーにつくらせる制度を実施しているのです。ベトナムは社会主義国ですが、資本主義の要素を巧みに取り入れていることが、このことからもわかります。

ベトナムは現在、経済成長が続いており、どんどん豊かになっています。あと10年もすれば、ソーシャルハウジングよりも広くて利便性の高い新築住宅を買えるベトナム人も増えてくることでしょう。そうなれば、日本で公団住宅がつくられなくなったように、ベトナムでもソーシャルハウジングがつくられなくなるときが、将来、必ずきます。それまでの制度であり、この制度が上手く回っていくためには、外国人投資家がベトナムの新築不動産に投資することが不可欠です。

「海外の不動産に投資することは、社会貢献になる」とは、こういうことなのです。

不動産には安定資産としての魅力がある

海外の不動産に投資することが社会貢献になるとしても、私たちは篤志家ではありませんから、投資としての魅力があることも重要になります。

不動産投資を考えるに当たって、まず知っておいてほしいのは、世界的に不動産は安定資産だと考えられている点です。日本では、1990年代にバブル経済が崩壊したのち、不動産価格が暴落しました。それまで不動産価格が高騰を続けていたこともあり、バブル経済崩壊を経験した人は、不動産価格は急騰することもあれば急落することもあり、とても安定資産とは言えないと考えています。特に、バブル経済が崩壊する前にマンションなどの不動産を購入した人の中には、バブル崩壊後、予定通りに住宅ローンが払えなくなり、経済的困難に陥った人が少なからずいました。そうしたニュースを学生時代に見聞きした現在50代前後の人たちも、借金をして不動産を購入することには危険がともなうと考えている人がいます。こうしたことから、不動産を安定資産とは見なさない日本人が多いのです。

ただし、これは日本人に限ったことであり、繰り返しますが、世界的には不動産は安定資産だと考えられています。それは、世界各国の不動産価格のインデックス（指標）を見てもわかります。どの国のインデックスも、安定して少しずつ上がっています。

1997年からのアジア通貨危機や、2008年に起きたリーマン・ショック、最近では新型コロナウイルスのパンデミックなど、世界的な経済危機や金融危機が発生した際

図表1-2◎アメリカ合衆国とタイの不動産価格推移

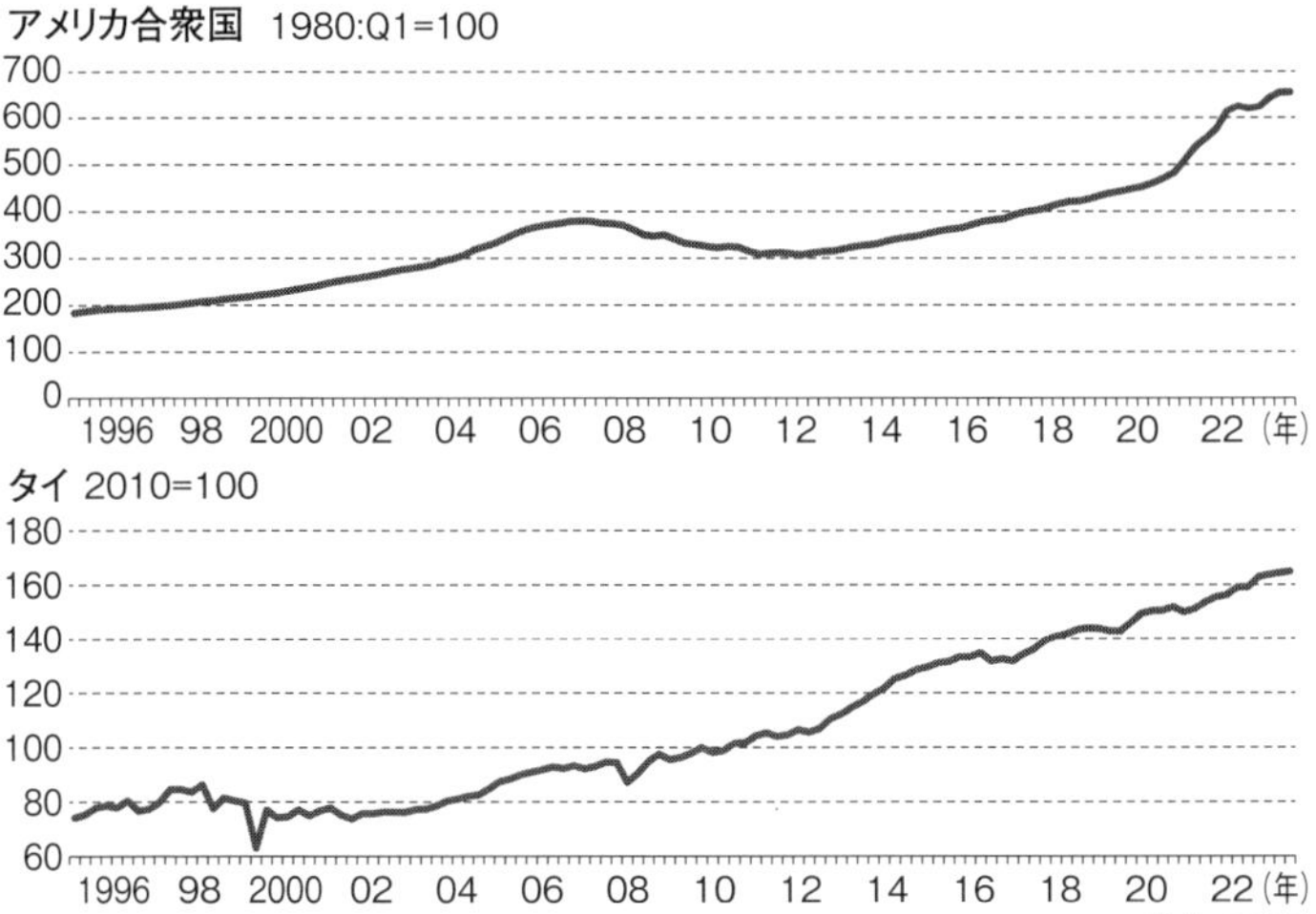

出典:FRED

は、株式価格などとともに不動産価格も下落します。しかし、それは一時的なもので、その後、不動産価格が必ず持ち直して再び上がっていくことは、過去のデータが証明しています。

株式投資では、投資先企業が倒産して価値がゼロになってしまうこともあります。そこまでではなくとも、株価が半減することもあれば、下がった株価がいつまで経っても戻らないこともあるでしょう。

不動産は英語で「リアルエステート(real estate)」と言われるように、現物への投資です。地震などで建物が崩壊したり、火災で焼失してしまったりすれば価値がゼロになってしまいますが、そうした災害に遭遇しなければ、価値が急落して戻らないということは基本的にありません。ですから、株式投資などと比べて、不動産は価格変動が小さく、確実に価値が上がっていく安定資産だと、世界的には理解されているのです。

賃料収入だけでなくキャピタルゲインも狙える

次に、安定資産である不動産に投資するとはどういうことなのか、見ていきましょう。

日本で不動産投資と言うと、不動産購入後にその物件を賃貸に出し賃料を得る賃料収入、いわゆるインカムゲイン目的で行われることが大半です。

もちろんそれは海外不動産でも同じですが、海外で大きく異なるのは、インカムゲインと同時に、物件を売ったときのキャピタルゲインも狙える点です。インカムゲインとキャピタルゲイン、両方の収入を得られるのが海外不動産投資なのです。

たとえばベトナムでは、賃料収入による利回りが年平均4~6%あります。一方で、不動産価格も、過去の価格上昇局面では1年間で10%程度上がりました。前述したように、ベトナムで外国人が新築住宅を買えるようになったのは2015年からなので、売り手となる外国人はまだ少ないですが、2015年に買った新築住宅を2020年に売った場合、多くが購入価格の約2倍で売れました。5年で不動産価格が2倍になったということです。

将来のことは誰にもわかりませんが、ベトナムは都市化が進んでいる最中なので、不動産価格はまだまだ上がると見込まれています。同程度の価格上昇が今後も続くとすれば、2024年に購入した新築住宅の価格は、2〜3年後には1・5倍になり、5年後の2029年ごろには2倍になる可能性があります。

日本ではインカムゲインによる収入がメインで、キャピタルゲインを狙った不動産投資は、一部の例外エリアや物件を除いてできません。それは、日本の不動産市場がすでに成熟市場であり、中古住宅価格が新築時の販売価格を超えることがないからです。不動産価格は、築年数とともに下がっていくのが日本の常識です。

しかし、ベトナムのような、今まさに都市化が進んでいる最中の新興国では、都市部であってもまだ住宅不足であるため、新築時の販売価格よりも高い価格で中古住宅が売れるのです。

流動性の低さと為替リスクというデメリット

ここまで、不動産投資のメリットについて述べてきましたが、当然ながらデメリットもあります。

不動産投資の最大のデメリットは、流動性が低いことです。すなわち、売りたいときにすぐに売れるとは限らず、場合によっては数カ月以上売れないこともあります。したがって、いつでも現金化できるわけではないことについては注意が必要です。

また、海外不動産投資は、為替の影響を大きく受けます。投資した国の通貨から日本円に両替する際の為替レートによって、為替差益が出ることもあれば、為替差損が出ることもあります。海外不動産投資に為替リスクがあることは、認識しておいてください。

こうしたデメリットも考慮に入れると、海外不動産投資は長期投資が基本スタンスであり、長い目で見て、ゆっくりと資産を増やしていきたい人向きと言えるでしょう。

なお、複数の海外ＲＥＩＴ（不動産投資信託）に投資する投資信託やＥＴＦ（上場投資信託）の中には、高配当のものもありますが、配当以上に価格が下がっているものが大半です。こうした金融商品にも注意が必要です。

アジアの富裕層が他国の不動産に投資する理由

世界中で、多くの富裕層と呼ばれる人たちが海外不動産投資を行っていますが、シンガポールや中国、韓国、台湾などの富裕層は、3カ国以上の不動産を所有しているのが一般的です。もちろんその中には、ベトナムの不動産に投資している人たちも多くいます。

こういったアジアの富裕層が他国の不動産に投資を行う最大の理由は、リスク分散です。

アジア諸国の富裕層は、1997年に発生したアジア通貨危機で痛い目を見ました。当時、自国通貨の資産だけを持っていた人は、その暴落によって、資産を大きく減らすことになったのです。この教訓から、アジアの富裕層は自国通貨の資産だけでは危ないという意識が強くあり、他国の不動産へ投資することでリスク分散を行っています。

また、他国の不動産に投資して非常に儲かったという成功体験も、海外不動産投資に積極的な理由となっています。

中国の不動産バブルはすでに崩壊しましたが、たとえば20年前に上海の不動産を購入して、バブル崩壊前に上手く売り抜けた人は、資産が6倍以上に増えました。

韓国も２０２２～23年に不動産価格が暴落しましたが、それまでは高騰していましたので、暴落以前に売った人は資産が倍増したはずです。

不動産投資は決して富裕層だけのものではない

アジアの富裕層が他国の不動産に投資をしていると言うと、「海外の不動産に投資できるのは富裕層だけなのではないか」と思う人がいるかもしれませんが、そんなことはありません。たとえば、ベトナムの新築住宅の中には、販売価格１０００万円ぐらいから物件があり、20代、30代でも十分、購入することは可能です。

弊社のお客様でも、ＩＴ関係の仕事に就いている25歳の日本人男性で、２０２３年にベトナムの新築住宅を購入した方がいます。彼が勤めているのは日本企業ですが、購入したホーチミン市のコンドミニアムに住み、テレワークで仕事をしています。彼は大学生のときから株式投資を行っており、ベトナムの不動産が今後、期待できると考え、投資目的で購入しました。ただ、実際にベトナムへ行ってみたら、あまりに居心地が良く、自分に合っていると感じたため、住むことにしたそうです。

海外の不動産に投資することを検討するなら、現地に行きやすい、自分が住んでいるところから近い国の不動産に投資をするのがいいのではないかと個人的には思っています。また、観光に行きたい、料理が好きなど、自分の好みの国を選ぶのも良い方法です。

もちろん、資産が増える可能性が高い国を選ぶことが大前提にはなりますが、候補がいくつかあるのであれば、好きな国を応援する、支援するといった意識も大事だと思います。

その点でベトナムは、観光先として選ぶ日本人が多く、ベトナムの料理や雑貨は、日本人女性に特に人気があります。海外不動産投資先の候補としてベトナムと比較されることが多いのはタイ王国とフィリピン共和国で、タイも日本人が観光に行ってみたい国であり、フィリピンはセブ島などリゾート地の人気が高い国です。

海外不動産への投資を考え、私たちエージェントに相談に来られるのは、40代、50代の男性が多く、その中ではベトナムよりもタイやフィリピンのほうが、人気がある印象です。しかし、彼らがパートナーに相談すると、タイやフィリピンは雑然としていて治安が悪いイメージがあり、あまりいい顔をされないことが多々あるようです。

逆に、ベトナムの民族衣装であるアオザイや手刺繍《ししゅう》のほどこされた小物などを好む女性は多く、夫婦で一緒に選ぶとなると、ベトナムのほうが俄然人気があるのではないでしょうか。

不動産投資した国で「FIRE」は可能か

日本の将来に危機感を持ち、日本国内から海外へと目を向けるべきだと気づいたときに、海外不動産への投資は、その最初の一歩となり得ます。海外不動産投資を行えば、賃料としてその国の通貨を得ることができます。そして数年後、十数年後に購入した不動産を売れば、キャピタルゲインを含めて、その国の通貨を日本円で数千万円分得ることができるでしょう。

その国が好きで、その国に住みたいと考えているなら、その国でFIRE（Financial Independence, Retire Early：経済的自立と早期リタイア）することも可能です。タイの不動産に投資を行い、タイバーツでキャピタルゲインを獲得して、タイでFIREをした日本人も実際にいます。

その国の通貨をその国内で使う分には為替リスクはありません。この点でも、好きな国、観光に何度も行きたい国、応援したい国を投資先に選ぶほうが良いと言えるでしょう。

しかし、仮にベトナムが好きで、ベトナムに何度も観光に行きたい、将来住んでみたいと思っても、ベトナムでは、外国人がドン（ベトナムの通貨）でFX（外国為替証拠金取引）を行うことはできませんし、ベトナム企業の株式に投資することも、事業に直接投資することもできません。

そう考えると、ベトナムに投資する方法は、不動産投資ぐらいしかないことがわかります。ベトナムでFIREを考えるならば、ベトナム不動産に投資するのが一番の方法なのです。

自分だけでなく、投資先国の人と一緒に豊かになろう

海外の不動産に投資する一番の目的は、経済的なメリットを得て、自分自身が豊かにな

ることだと思います。

誰もが、昨日よりも今日のほうが豊かであり、今日よりも明日のほうが豊かでありたいと考えて生きています。その中で、自分だけが豊かになれば、ほかの人はどうでもいいと思っている人は、ごく少数でしょう。できることなら、自分だけではなく、多くの人が一緒に豊かになっていくことを望んでいるはずです。あるいは、「今が良ければいい」ではなく、10年先、20年先のことも見据えて、より多くの人が豊かになるように行動したいと考えている人も多いのではないでしょうか。

海外の不動産に投資することは、それらのことを可能にします。

なぜなら、これまで述べてきた通り、ベトナムなど新興国の不動産への投資は、社会貢献にもなるからです。そう考えると、海外不動産投資は、経済的な豊かさだけでなく、精神的な豊かさも同時に得ることができるとも言えます。

日本人の20代、30代、40代、50代といった働き盛りの人たちが、新興国を支援するために不動産投資を行う。その結果として、新興国で資産を増やし、経済的な豊かさと精神的な豊かさの両方を得ることができるのだとしたら、これほどすばらしいことはないでしょう。また、不動産投資を実際に行うことでしかできない貴重な体験を通じて、さらなる豊かさを実感できるかもしれません。

日本の次世代のためにもなり、新興国の経済発展を支援するとともに住宅不足解消という社会的貢献にもなる。自分の未来だけでなく、日本や新興国の未来をも明るいものにすることができる。多くの人を笑顔に、幸せにすることができるというのが、海外不動産投資の魅力です。

自分のため、日本の次世代のため、新興国のために、ぜひ海外不動産投資にチャレンジしていただきたいと思います。

次章からは、ハンＣＥＯに、ベトナムという国の魅力や不動産投資を行ううえで知っておくべき法制度などについて、詳しく紹介していただきます。

2章

投資先として ベトナムが 魅力的な理由

ハン

日本から飛行機で5時間、時差は2時間

1章では、海外の不動産、特に新興国の不動産に投資することのメリットを中心に、風戸さんに解説していただきました。この2章では、私、ハンが、不動産投資先としてのベトナムの魅力について、お伝えしていきたいと思います。

まずは、ベトナムがどういった国なのか、地理、人口、経済、日本との関係などについて見ていきましょう。

ベトナムは東南アジアに位置する南北に長い国です。北は中華人民共和国と接しており、西は北部でラオス人民民主共和国と、南部でカンボジア王国と国境を接しています。東から南にかけては、東海（南シナ海）に面した長い海岸線となっており、その距離は約3260キロメートルにも及びます。

首都はハノイ市で、北部に位置します。政治、文化、経済の中心地です。

日本人に一番よく知られている都市は、ホーチミン市でしょう。ベトナム戦争終結までは「サイゴン」と呼ばれていましたが、建国の父であるホー・チ・ミン初代国家主席の名

図表2-1◎ベトナムとその周辺

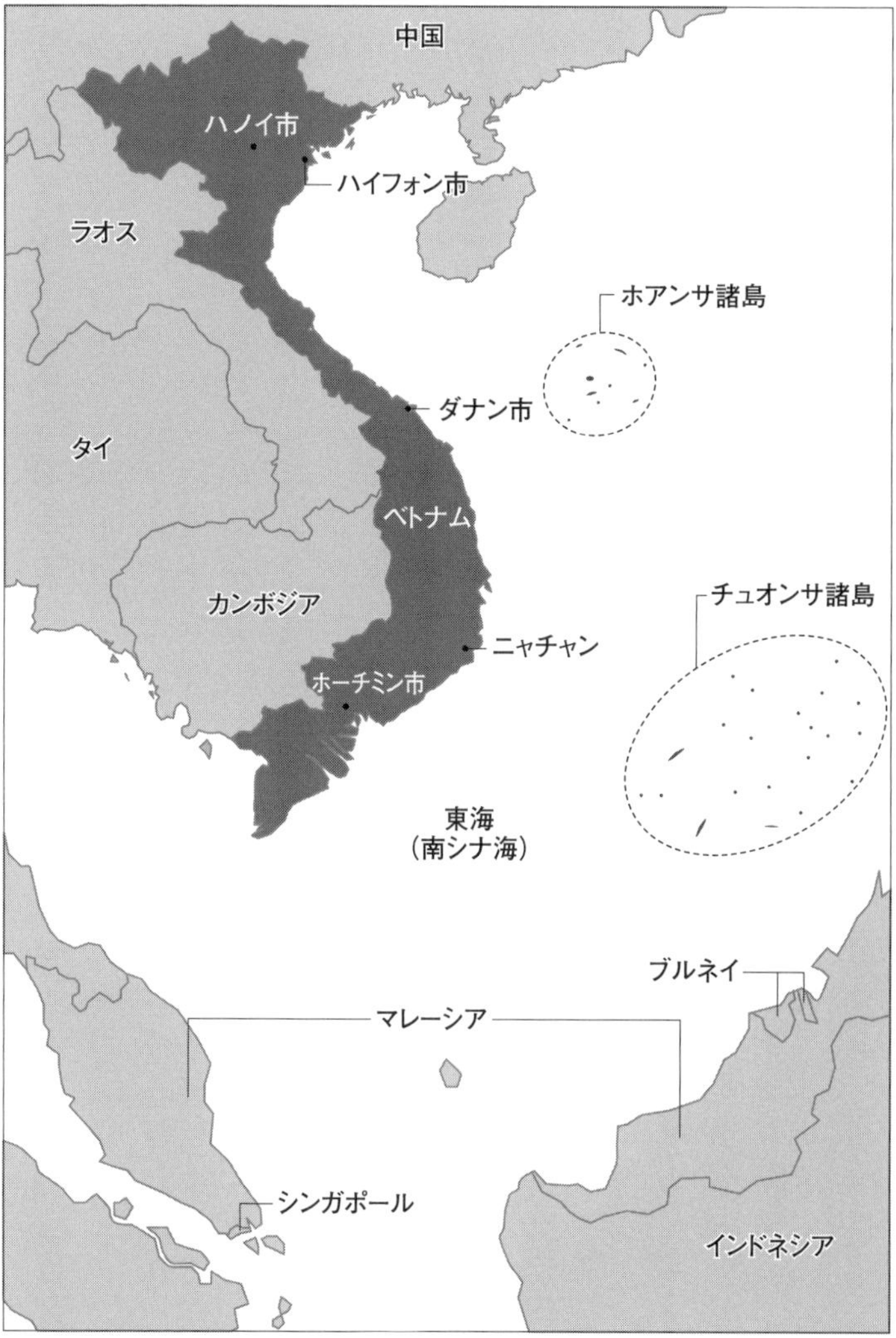

前をとってホーチミンに改名されました。ホーチミン市は、ベトナム最大の経済都市であり、南部に位置します。

日本からハノイ市までは飛行機で約5時間、時差は2時間程度で、日本が昼12時のとき、ベトナムは午前10時です。

北部にあるハノイ市には、日本同様、四季があります。南部にあるホーチミン市は年中暖かく、住みやすい気候です。

ベトナムでは、あまり大きな地震は起きていません。マグニチュード5程度の地震が起きた記録があるのは1958年で、それもハノイ市よりさらに北部で発生したものでした。「ベトナムで大地震は起きない」と言い切ることはできませんが、ハノイ市やホーチミン市に限れば、住宅が壊れるような地震を心配する必要はほとんどないでしょう。少なくとも、日本と比べればはるかに少ないと思います。

また、ベトナムにも台風は来ますが、中部地域の東海岸付近に来ることが多く、ハノイ市やホーチミン市にはほとんど影響がありません。ですから、洪水などの災害が起こるのも中部の海岸沿いの街に限られ、ハノイ市やホーチミン市でそういった災害が起きる可能性は低いでしょう。大きな災害のリスクが低いことは、不動産投資を行ううえでは、重要なメリットだと言えるでしょう。

そのほか、ベトナムは東南アジア10カ国からなる「ＡＳＥＡＮ（Association of South-East Asian Nations）：東南アジア諸国連合」に属する国です。金融セクターが強い香港とシンガポールの中間に位置するため、東南アジア区域の貿易の入口となっています。

海上交通の利便性が高いのは言うまでもなく、港から内陸への道路網も発達しています。

言語はベトナム語で、通貨はベトナムドン。１０００ドンが5～6円です。

ベトナムの正式名称が、ベトナム社会主義共和国であることからわかる通り、社会主義国であり、政治は共産党の一党独裁体制です。ただ、中国などと違い、国会議員、地方議員とも5年に一度の選挙で選ばれます。

「ベトナムの政治は世界で一番安定的」（Tap chi Cong san）とも言われ、ベトナム政府は国民の声も聞きながら、さまざまな権利などのバランスを考えて、柔軟に政権運営を行っています。

人口が1億人を突破、富裕層も急増中

ベトナムの人口は、2023年に1億人を超えました。今後も2050年ごろまで人口が増加することが見込まれ、1億1000万人になるという予測もあります。経済が拡大しやすいと言われる人口ボーナス期が、まだ20年以上続くということです。

2020年の人口ピラミッドを見ると、完全な末広がりではありませんが、若い人が多く、35歳未満が6割超となっています。平均年齢は約31歳です。

ベトナムでは、18歳で成人になると、自分の名義で不動産を買うことができます。フィンテック関連など、デジタル系テクノロジーの仕事に就いている若い人たちは収入が高く、社会人になって数年後に、20代で自分が住む住宅を買う人もいます。

都市部に住む人口の割合を示す「都市人口率」は上がり続けており、2020年は約35%でしたが、2040年には約50%となり、国民の半数が都市部に住むと予測されています（United Nations：国際連合）。

2020年から2025年の都市人口成長率が、東南アジア諸国で一番高いのがベトナ

図表2-2◎ベトナムの人口構成

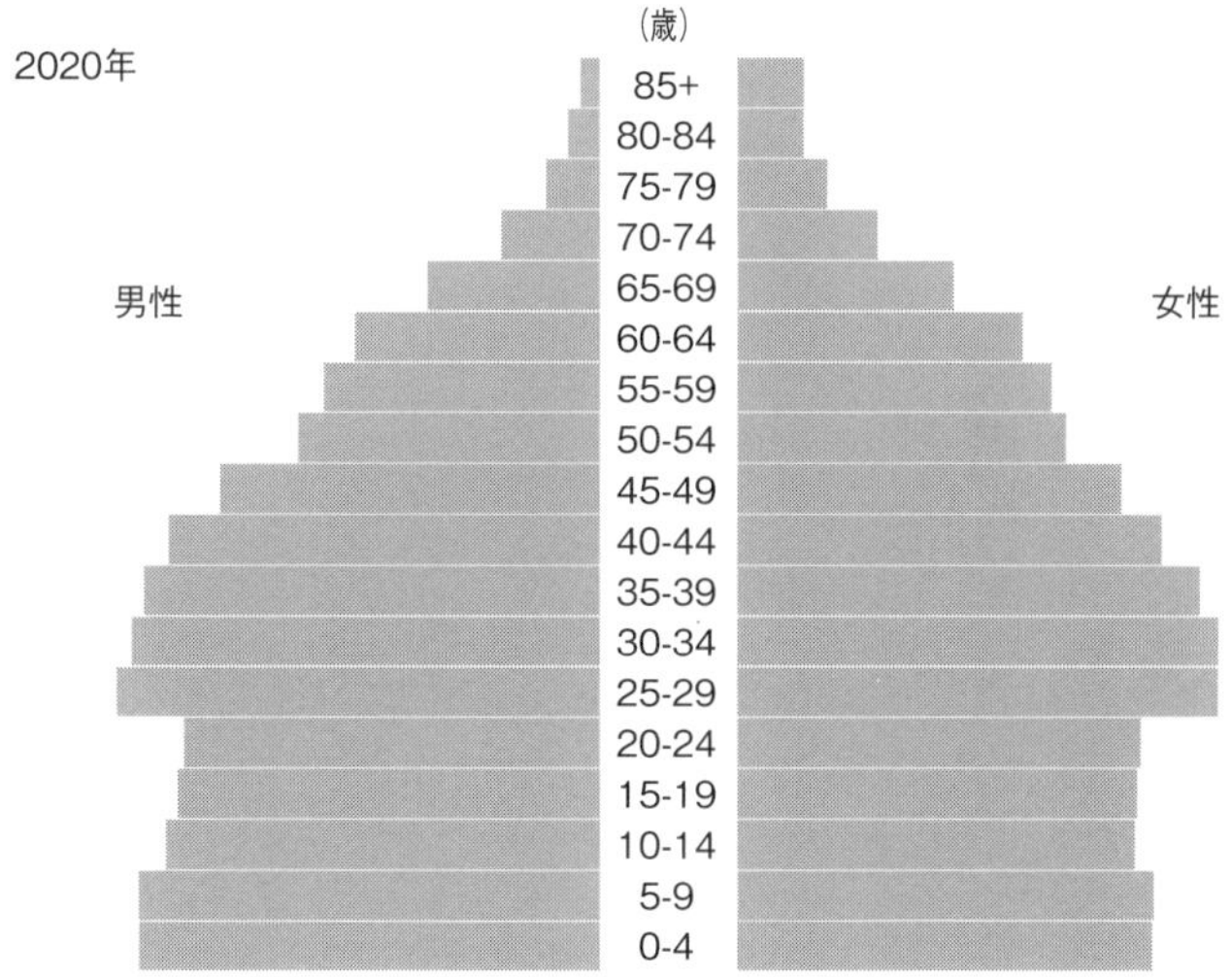

ムで２・２％です。次がインドネシアの２・０％、マレーシア１・９％、フィリピン１・８％と続いています。

富裕層数の上昇率は、ベトナムが世界トップであり、２００６年から２０１６年までに３２０％増でした。２位がインドで２９０％、３位が中国で２８１％となっています。

なお、２０１６年から２０２６年までの予測値でもトップで、１７０％増と予測されています。２位はインドで１５０％、３位は中国で１４０％です。

ベトナムで富裕層が増えるということは、外国人が購入して所有している比較的高価な不動産を、ベトナム人が買えるよう

図表2-3◎東南アジア各国の都市人口成長率

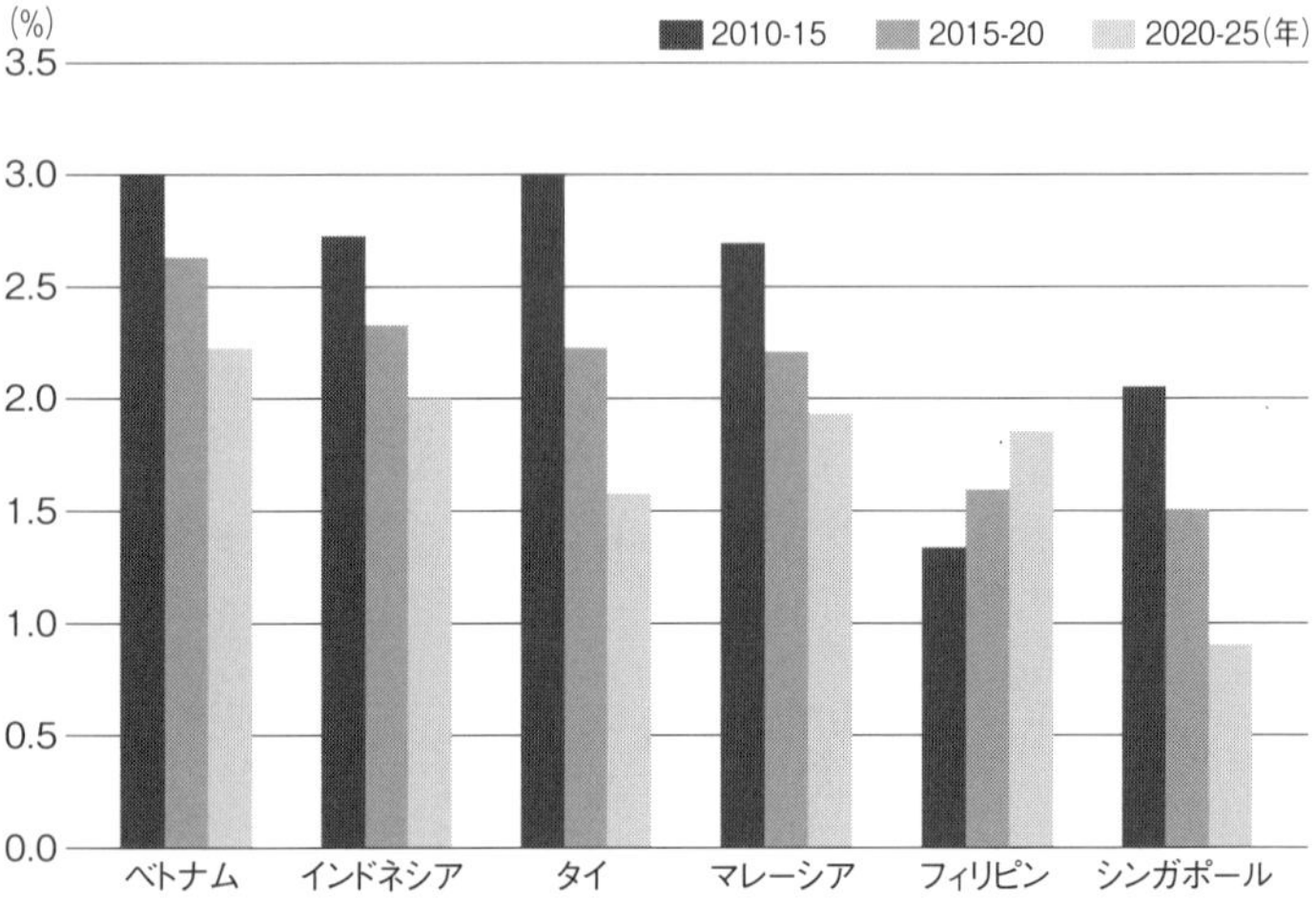

出典:World Bank

図表2-4◎各国の富裕層上昇率

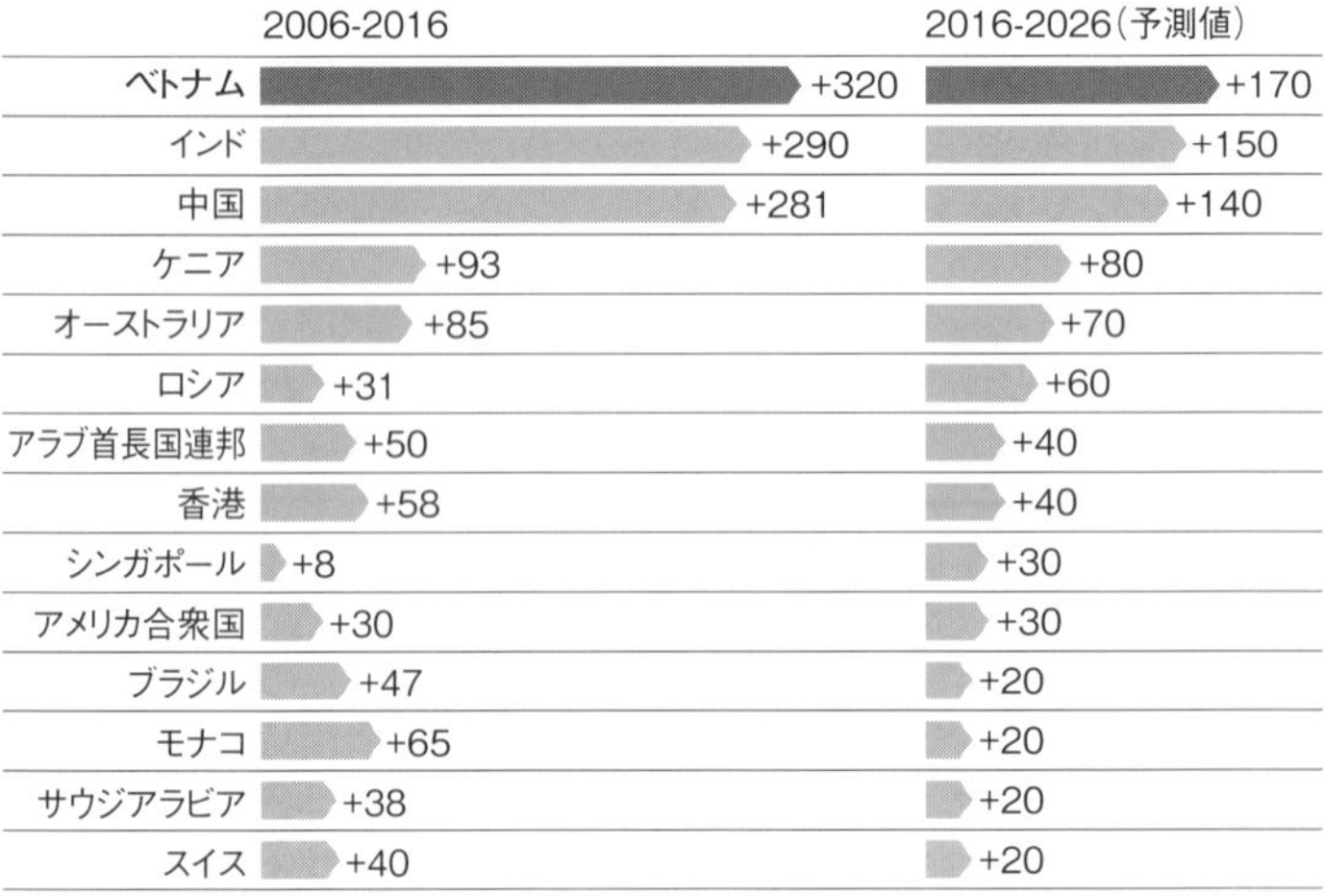

	2006-2016	2016-2026（予測値）
ベトナム	+320	+170
インド	+290	+150
中国	+281	+140
ケニア	+93	+80
オーストラリア	+85	+70
ロシア	+31	+60
アラブ首長国連邦	+50	+40
香港	+58	+40
シンガポール	+8	+30
アメリカ合衆国	+30	+30
ブラジル	+47	+20
モナコ	+65	+20
サウジアラビア	+38	+20
スイス	+40	+20

(単位:%)

出典:Wealth Report

になることを意味します。

海外不動産に投資を行う際、その国の人が経済的な理由で高価な不動産を買えないと、外国人だけが買い手となることがあります。そのため購入者が少数であることに不安を感じる人がいるかもしれません。

ベトナムも、現状はそれに近いかもしれませんが、今後、富裕層が予測通りに増えていけば、ベトナム人も買い手となり、購入者が増えることになります。インドや中国以上に富裕層が増えていることは、ベトナム不動産に投資する際の安心材料になるのではないでしょうか。

2022年の経済成長率は8%超

次にベトナムの経済について解説いたします。

ベトナムの一人当たり名目GDP（Gross Domestic Product：国内総生産）の推移を見ると、2010年には1168ドルでしたが、2014年に2000ドルを超え、直近の2022年には4000ドルを超えました。

図表2-5◎ベトナムのGDP成長率

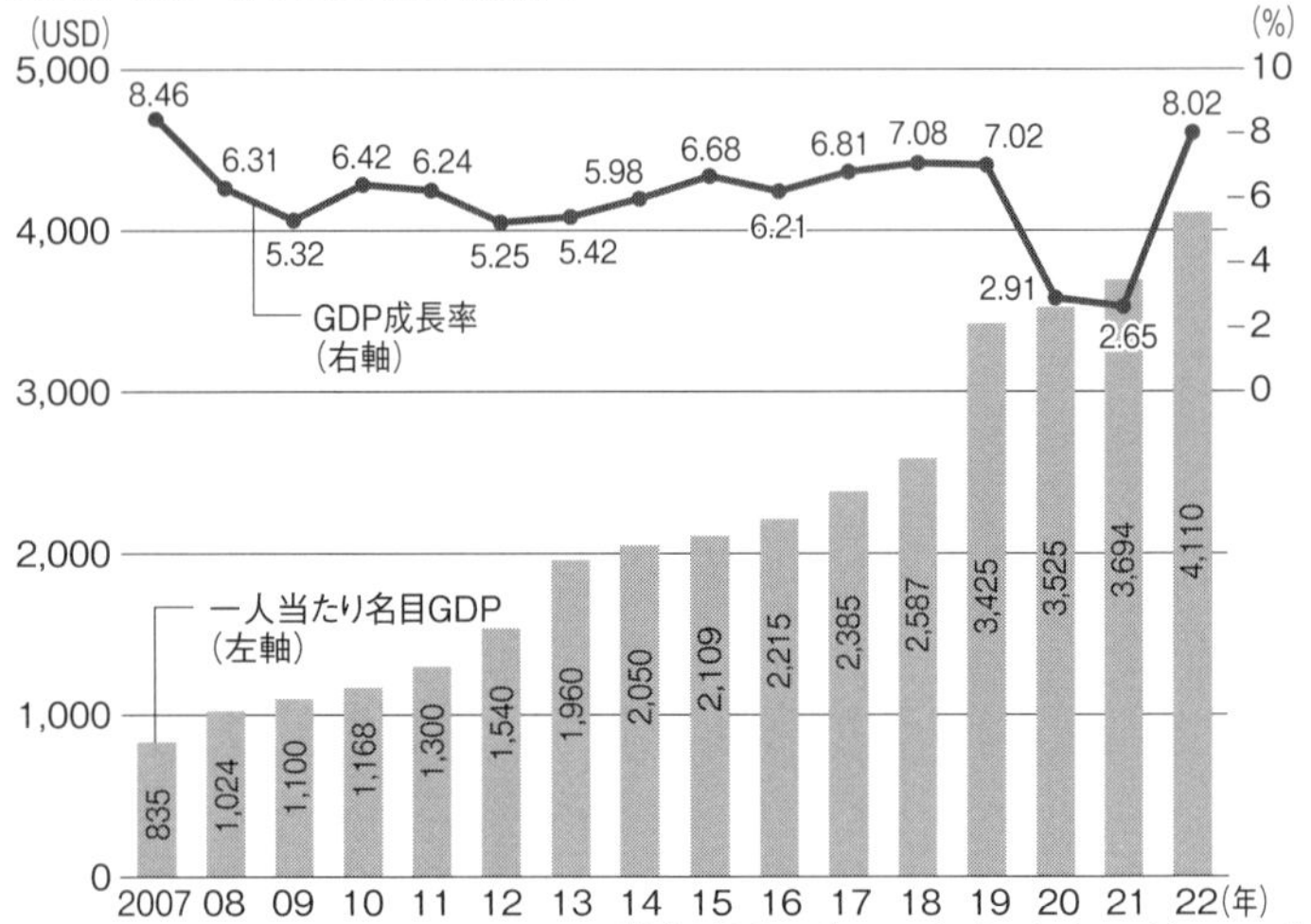

出典:NDH.vn(www.tinnhanhchungkhoan.vn)

ＧＤＰ成長率も、新型コロナウイルスのパンデミック前の２０１９年までは５～７％台という高い数値でした。コロナによって２０２０年は約２・９％、２０２１年は約２・６％に減少しましたが、２０２２年には約８％と再び高い成長率となっています。

コロナでいったんは成長が鈍化したベトナム経済ですが、２０２２年には見事に回復しており、２０２４年以後も６％台の成長が見込まれています。

新興国であるベトナムの経済を下支えしているのがＦＤＩ(Foreign Direct Investment:海外直接投資)です。近年、ベトナム不動産へのＦＤＩが増えており、２０２０年は

図表2-6◎ベトナムのFDI実績

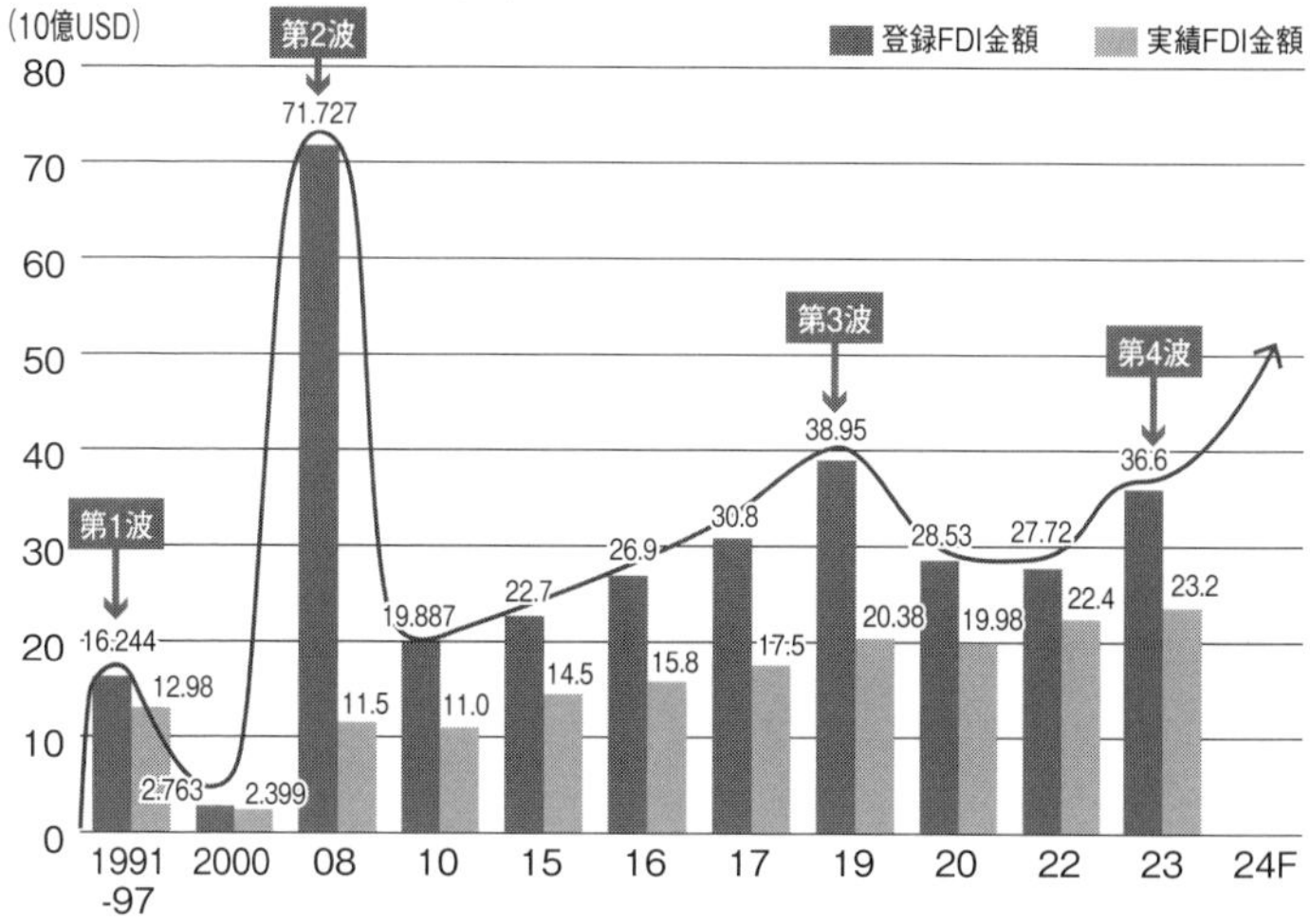

出典:www.mof.gov.vn

全体の約12％でしたが、２０２２年には約16％に増えました。ベトナム不動産に直接投資を行っている日系企業としては、三菱商事、野村不動産、東神開発（髙島屋）などが挙げられます。

過去のＦＤＩの歴史を振り返ってみると、本田技研工業がオートバイの製造工場を設立した１９９７年以降がＦＤＩの第１波でした。その後、２０００～２００８年が第２波、２０１０年以降が第３波と続きます。

２０２３年にアメリカ合衆国のジョー・バイデン大統領がベトナムを訪問したことで、アメリカからのＦＤＩが促進されることは間違いなく、２０２４年以降に第４波がやってくるだろうと期待されています。

また、ベトナムは自由貿易協定を、日本とはもちろん、EU、イギリス、韓国など、各国と締結しています。中国ともASEANとして締結しており、これらの実績から、ベトナムが経済面において世界的に開かれた国であることがわかると思います。

国が力を入れるインフラ整備

新興国であるベトナムは、現在インフラ整備の真っただ中ですが、主要なインフラは整いつつあります。

まず、国際交流の要諦となる空路は、ホーチミン市にタン・ソン・ニャット国際空港、ハノイ市にノイバイ国際空港、ダナン市にダナン国際空港などがあります。また、ホーチミン市中心部から車で40分ほどの場所にはロンタイン国際空港が建設中で、2025年の開港を予定しています。

国内の移動についても、近年鉄道の整備が進み、2021年11月に、ハノイ市のハノイ都市鉄道2A号線が開業しました。これはベトナム初の都市鉄道で、今後、1号線から10

号線まで開発計画が上がっています。ただ、実際に運行しているのは3号線など、まだ数本です。2024年には、ホーチミン市にもメトロ1号線が開通する予定で、現在、試運転が始まっています。

自動車専用道路については、最近、ハノイ環状3号線が開通しました。ホーチミン環状3号線は現在建設中で、2026年に開通予定です。

国のかなりの部分が海に接しているベトナムは海運業が盛んで、港の整備が進んでいます。ハノイ市の東、約120キロメートルにあるハイフォン港が北部の主要港であり、南部の主要港はホーチミン港です。どちらも1800年代後半には開港していた、歴史ある港です。

南部には、カイメップ・チーバイ港が1996年に開港し、2008年以後、大型ターミナルが続々オープンしています。

ベトナムでは、こうしたインフラ整備にGDPの6%弱が投資されています（アジア開発銀行）。他のASEAN諸国が3%以下であることを考えると、いかにベトナムがインフラ整備に力を入れているかがわかるでしょう。

コロナ禍で激減していた観光客も、ようやく戻りつつあります。コロナ禍前の2019

図表2-7◎2023年の海外からの訪問者数

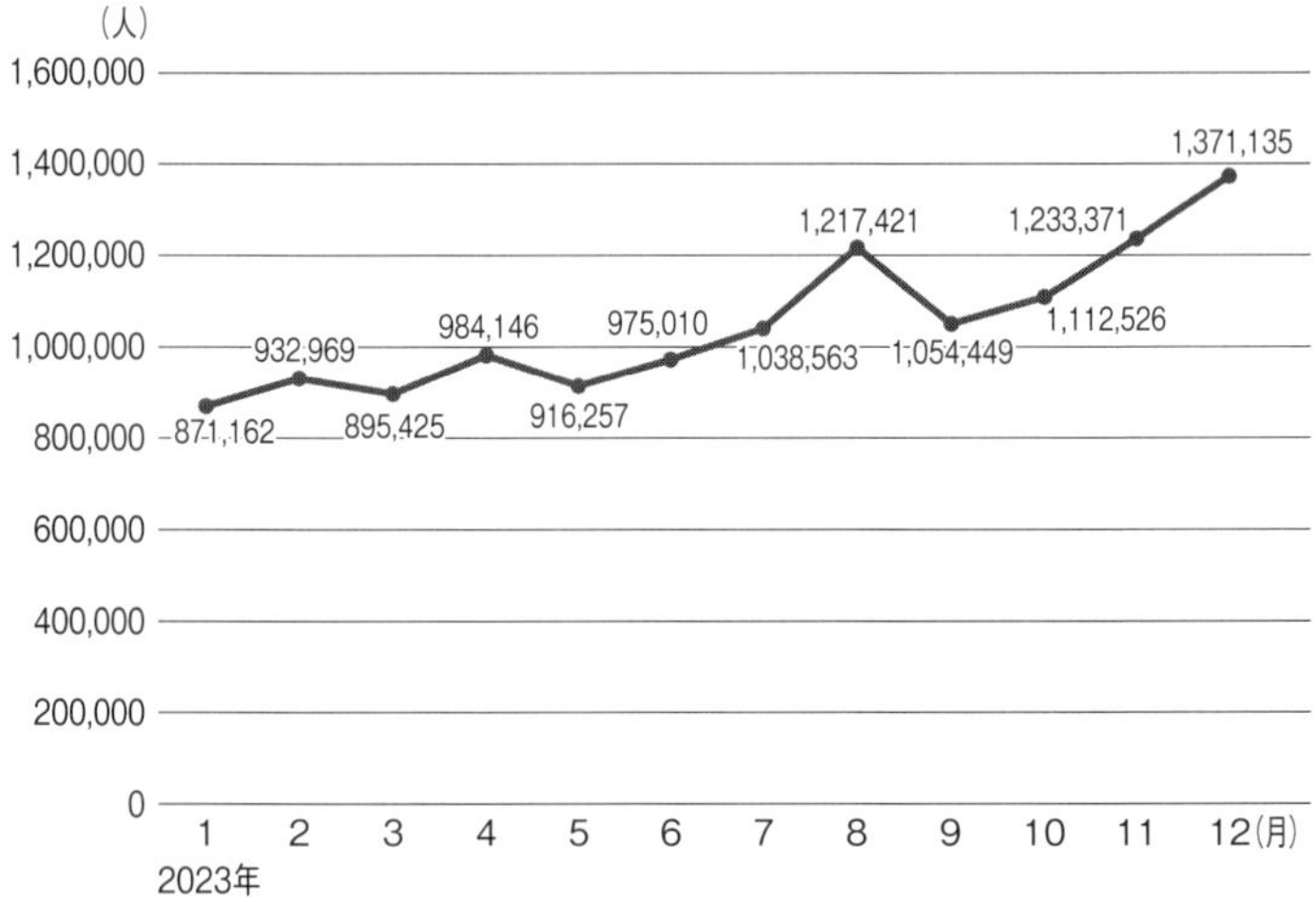

〔注〕2023年12月は推計値

出典:JETRO

年に約１８００万人だった訪問者数は、２０２２年には約３６６万人まで落ち込みました。しかし、２０２４年第１四半期の訪問者数は４６０万人で、２０２３年の同期と比べて72％増加、２０１９年同期と比べても３・２％増加しているので、２０２４年には、２０１９年の水準まで戻ることが期待されています（ベトナム統計局）。

なお、２０２３年の訪問者数の上位は、1位が韓国で約３６０万人、２位が中国で約１７４万人、３位が台湾で約85万人。日本は約59万人で５位となっています（ＪＥＴＲＯ）。

インフラの整備が進むことで、さらに訪問者が増えることが期待されます。

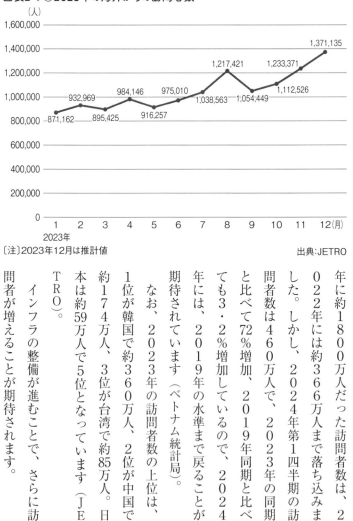

親日の人が多く、日本との相性も良好

日本とベトナムの関係を語るうえで、まずお伝えしたいのは、ベトナム人は日本がとても好きだということです。バイクのことを「ホンダ」と呼び、電化製品なども日本製のものの人気が非常に高く、和食も大人気です。日本製の電化製品にしても、日本食にしても、品質がたいへん良く安全性が高いことを、ベトナム人は評価して使っています。

こうした日本好きの表れの1つとして、日本に働きに行くベトナム人の数の多さもあげられます。ベトナムから海外への労働者派遣総数は、2023年に約16万人でした。そのうちの半分、約8万人が日本を派遣先に選んでいます。次が台湾で6万人弱です（ベトナム海外労働管理局）。

一方、日本で働く外国人労働者数は200万人を超えていますが、一番多いのがベトナム人で、2023年10月末時点で初めて50万人を超え、51万8364人となりました。日本で働く外国人の4人に1人はベトナム人なのです（厚生労働省）。

日本とベトナムが国交を樹立したのは1973年。2023年で50年となりました。そ

れにあわせて日越外交関係樹立50周年の記念事業や行事が2024年に行われ、ロゴマークもつくられました（外務省）。

日本に働きに行こうと考える若い人たちは、日本語を習得しますが、それ以外にも、日本語を勉強するベトナム人は多く、日本語を話せるスタッフがいる病院などもあります。ハノイ市やホーチミン市には、インターナショナルスクールもあります。

ベトナムの物価が上がっているとはいえ、まだ日本の5分の1程度。食事は日本に近く、ベトナム料理は日本人、特に女性に人気があります。ベトナムの雑貨も日本人女性に好まれていることから、文化的にも似ている点が多くあると思います。

ベトナムで最も信者が多い宗教は大乗仏教で、次がキリスト教カトリックです。ただ、信仰に熱心な人よりも無宗教に近い人が多く、宗教的なトラブルが発生することはほとんどありません。これも、日本と似ているかもしれません。

日本からの投資がベトナムとの懸け橋に

日本とベトナムは地理的にそれほど遠くなく、飛行機で約5時間の距離です。時差も2

時間しかないため、行き来も大変ではありません。

日本とベトナムは政治的にも良い関係を築いてきており、強いパートナーシップで結ばれています。長期にわたるＯＤＡ（Official Development Assistance：政府開発援助）などで、これまでベトナムのインフラ整備や環境事業に貢献してくれています。

ベトナム政府は、こうした日本政府からの援助とともに、日系企業のＦＤＩについても非常に大事にしています。不動産事業へのＦＤＩが伸びていることはすでに述べましたが、ほかのセグメンテーションにおいても日系企業から投資が行われています。

もちろん、ベトナムへ投資を行っているのは日本だけではありません。ベトナムへの投資額が多いのは、日本、韓国、中国の3カ国です。したがって、ベトナム人は、日本人とも、韓国人とも、中国人とも仕事をする機会があります。そうした経験も踏まえたうえでも、日本を好きになるベトナム人が多いのかもしれません。

日本政府と日系企業からの投資が、両国の懸け橋となり、これからも、両国の関係がより良いものになっていくことを私たちベトナム人は期待しています。私自身も、日本の個人、法人問わず、ぜひベトナムの不動産に投資してもらいたいと考えています。

先述したように、ベトナムの人口は1億人を突破し、これから約20年間、人口の増加が見込まれています。若い人が多く、労働力も豊富です。また、ベトナム人は勤勉で、向上心があると言われています。こうしたことから、ベトナムの経済は今後も安定的に成長していくことが世界銀行などの予測で示されています。

海外不動産への投資先を考える際、その国の経済がこれからどのくらい成長する可能性があるのかは重要な判断材料になります。この点でベトナムは他国より勝《まさ》っていると言えます。

日本人は、観光なども含め、実際の「体験」を大事にしていると感じます。ベトナムに投資をすることで、いろいろな体験ができるでしょう。

日本人がベトナムへ投資をして、自分の資産を増やすとともに、その体験も通して心の豊かさも手に入れることを私たちは願っています。

3章

今が買い時のベトナム不動産

ハン

ベトナム不動産の「機が熟した」

ベトナムがどんな国か、おわかりいただいたところで、次にベトナムの不動産事情について、お話ししたいと思います。

実のところ、ベトナム不動産マーケットの歴史は、さほど長くありません。外国人がベトナムの不動産を購入できるようになったのも、2015年に改正住宅法が施行されてからです。当初は、ベトナム政府や公的機関、デベロッパー、不動産会社も、そして買う側の外国人も初めてのことだらけで、不動産取引の現場では、さまざまなトラブルが発生しました。

その後、売る側、買う側だけでなく、登記を行う政府機関なども、良くも悪くもいろいろな経験を積み、不動産取引市場は徐々に整備されていきました。2022~23年ごろからは、安心してベトナム不動産を取引できる環境になっており、日本人を含む外国人投資家にとっては、「機が熟した」と言えるかもしれません。

市場が若いということは、逆に言えば、のびしろがあるということです。さらに、ベト

ナムの不動産取引は、２０２６年から27年にかけて、次のピークを迎えると言われていま
す。その点でも、今、注目すべき投資先であることは間違いありません。
ベトナム不動産取引についてもっとよく知っていただくために、少し歴史を振り返って
みましょう。

30年間で4回の価格ピークあり

ベトナムで、土地について定めた「土地法」が最初に制定されたのは１９８７年です。
これにより、ベトナムの土地は全人民が所有するものということで、国有とされました。
１９９２年に新憲法が公布されたのを機に、土地法も１９９３年に改正されました。国
が、企業や個人に土地の使用権を認めることが明記されたことで、不動産の譲渡や賃貸が
できるようになり、ベトナムで不動産取引がスタートしました。ですから、ベトナムの不
動産マーケットは、まだ30年ほどの歴史しかないのです。
その30年で、ベトナム不動産マーケットは浮き沈みを繰り返しましたが、これまでに４
回、不動産価格が上昇してピークを迎えました。

最初のピークは、不動産取引開始直後の1993～94年。国のオープンマーケット策によって取引ができるようになり、土地需要が増加しました。しかし、その後、1997年から起きたアジア通貨危機などの影響もあり、1999年ごろまで下落します。

2回目のピークは2001～02年。2000年にベトナムのGDP成長率が6・8％増と急成長したことで、ベトナム政府は金融緩和政策をとりました。これにより、土地の分譲に投機マネーが流れ込み、取引価格が上がりました。不動産取引が過熱することを懸念した政府は、2003年に土地法を改正。投機マネーなどが証券市場に移り、ベトナムの不動産マーケットは下落していきます。

3回目のピークは2007～08年。2007年にベトナムがWTO（World Trade Organization：世界貿易機関）に加盟し、この年のGDP成長率は7％を超えました。海外在住でビジネスを行っているベトナム人——「越僑《えつきょう》」からベトナムへの送金が急増したことなどもあり、不動産投資は活況を呈します。しかし、2008年に起こったリーマン・ショック後、世界経済が不況に陥り、ベトナムも例外なくその影響を受けました。金融引き締め政策がとられ、金利が上昇。ローンや不動産投資が制限されたことによって、不動産の流動性は急落しました。

打開のために、2013～14年に不動産マーケットをサポートする方向で土地法や建設法、不動産法などが改正されます。また、低所得者でも買うことができるソーシャルハウジング支援政策として約30兆ドン（2000億円弱）が投入されました。こうした政策が奏功し、徐々にベトナムの不動産市場は回復、不動産価格が上昇を始めます。

そして、4回目のピークは2021～22年前半です。世界的にコロナ禍で不況となる中、ベトナム不動産マーケットは安定して成長を続け、コロナ収束とともにさらに市場は活性化しました。しかしこのときにも、3回目のピーク時同様に、不動産取引が過熱することを懸念した政府が金融引き締め政策を取り、金利が上昇、不動産の流動性が下落していきました。

このように見てくると、ベトナムは、政府の政策転換によって、不動産価格が上昇したり、下降したりしていることがわかると思います。

2026年、5回目のピークを迎えるか？

2023年に金融政策が方向転換し、政策金利を4回下方修正したことで、10％近くあった銀行の預金金利は約2～5％に下がりました。貸出金利も15％程度だったものが、7％前後へと下がっています。もちろん、こうした金利は、銀行によって、あるいは預入期間や借入期間によって変わります。

また、ソーシャルハウジング支援政策に、前回の4倍の120兆ドン（8000億円弱）が投入され、土地法、住宅法、不動産法の改正法が、2024年8月1日に発効されました。

こうした不動産市場を支援する政策がとられることで、2024年を底に、ベトナムの不動産市場は回復に向かうことが見込まれています。そして、数年間の上昇期を経て、5回目のピークが2026～27年ごろに到来することが予想されています。つまり、まだ価格がそれほど上昇していない2024年は「買い時」とも言えるのです。すでに、それを見越して購入を始めている投資家もいます。

ベトナムにおける不動産マーケットの規模は、2013年には約210億ドルでしたが、7年後の2020年には約2053億ドルと、約10倍の規模になりました。今後は、2025年に約4627億ドル、2030年には約1兆2324億ドルに拡大すると推計されています（ベトナム不動産協会／batdongsan.com.vn）。

図表3-1◎ハノイ市とホーチミン市の不動産価格指数

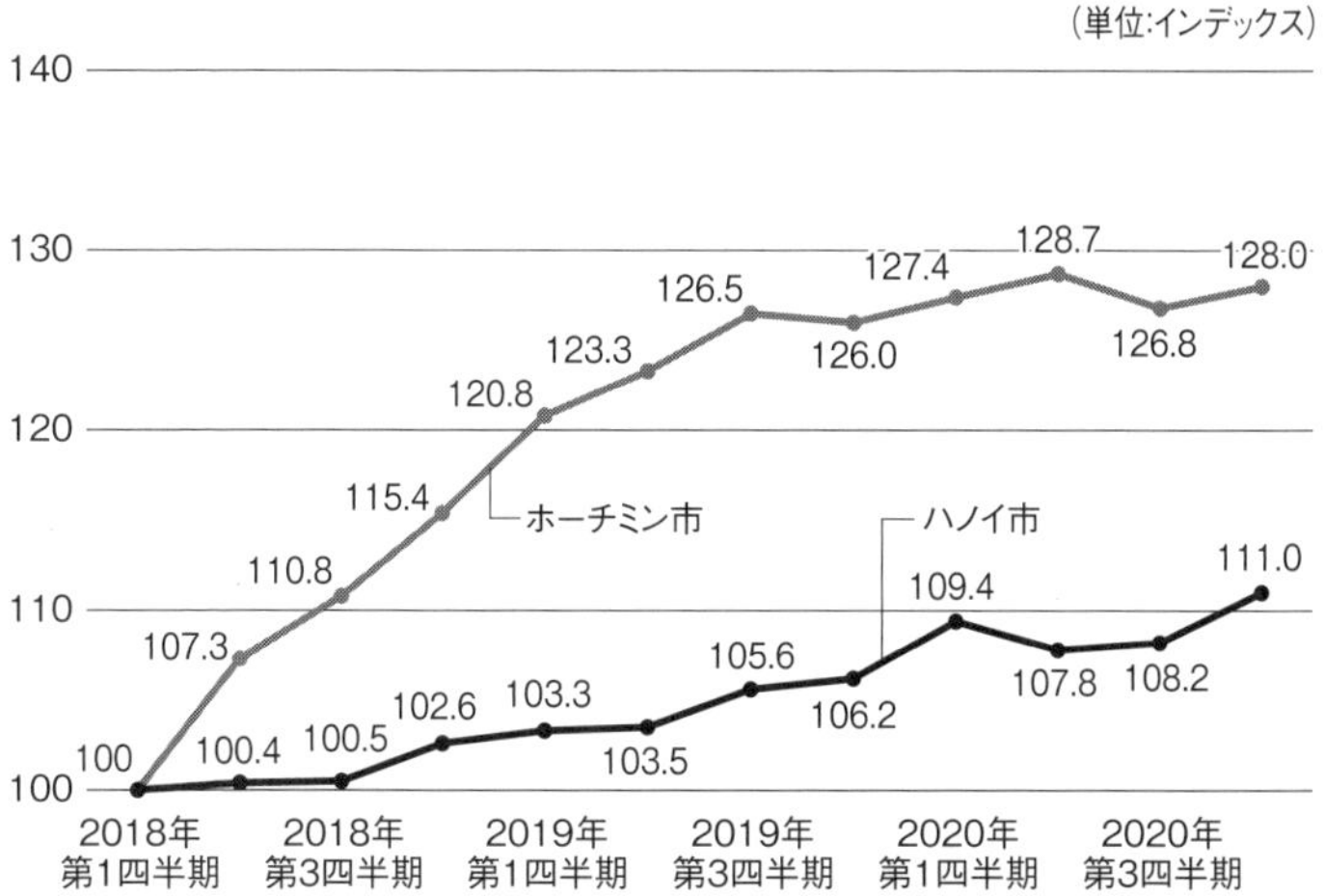

出典:batdongsan.com.vn

図表3－1は、ハノイ市とホーチミン市の不動産価格指数を表したものです。2018年第1四半期を100として、2018年から2020年までの約2年間で、ハノイ市の不動産価格指数は11％上昇しています。一方、ホーチミン市の不動産価格指数は28％上昇しており、ハノイ市よりもホーチミン市のほうが、価格上昇率が3倍近く高いことがわかります（batdongsan.com.vn）。

77ページの図表3－2を見てもわかるように、ベトナムの1㎡当たりの不動産平均価格は2280ドルで、まだそれほど高くありません。それだけ価格上昇余地が残されていると言うこともできるでしょう。

現在、不動産市況が良くない背景

一方で、ベトナム不動産に関する近年のバッドニュースについても触れておきたいと思います。

2022年3月、ベトナム有数の複合企業であるFLCグループの会長チン・ヴァン・クエット氏が株価操作の疑いで逮捕されました。FLCグループは不動産デベロッパーとしても大手であるため、この事件はベトナムの株式市場だけでなく、不動産市場にも悪影響を及ぼしました。

罪を犯した経営者及びその企業がマーケットから退場することは、市場全体としては健全化が進むわけですから、良いことでもあります。しかし、前述したように、2022年9月からは、ベトナム政府の意向を受け、ベトナム国家銀行（中央銀行）が金融引き締め政策に舵を切りました。この時期、不動産価格は第4のピークを迎えていましたが、価格高騰を抑えたいベトナム政府は、融資や社債発行に対して厳しく制限。これによってベトナム人の不動産購入にブレーキがかかり、不動産販売はスローダウンしました。

これらの要因が重なり合い、不動産デベロッパーとして業界第2位のノバランド・グループが、新規の社債発行ができず、また社債の償還ができないために財務状況が急激に悪化、経営危機となりました。ノバランドでさえそのような状況に陥っているという報道により、不動産市場はさらに冷え込んでしまいました。

こうして、2022年後半から2023年にかけてベトナムの不動産マーケットは低迷。これらのニュースは日本でも報道されたので、ベトナム不動産市場に対してマイナスのイメージを持った方もいると思います。たしかに、現在、ベトナムの不動産市況が決していいわけではないのは事実です。しかし、だからこそ買い時だと言うこともできます。

第4のピーク期であった2021～22年前半は、不動産発売初日にベトナム人が販売会社の前に列をつくっていました。欲しい物件があっても、先着順で予約ができなければ購入できなかったからです。こうした混乱を避けるため、抽選で購入者を決めるような販売会社もありました。

現在は販売が鈍化しており、このような「順番待ち」をする必要もなく、物件をよく吟味して購入することができます。外国人投資家が買えるチャンスが到来しているということです。

好転の兆しを見せているベトナム不動産市場

2024年が底と言いましたが、すでにベトナムの不動産マーケットは好転の兆しを見せ始めています。

不動産事業は他の事業セグメントにも大きな影響を与えますので、いつまでも不動産市況が悪いと、ベトナム経済全体が悪くなってしまう可能性があります。ベトナム政府には、常に年6～7％の経済成長が求められており、そのためには、不動産マーケットを回復させることが必要不可欠です。そこで、ベトナム政府もいろいろな対策を打っています。

1つは、前述したように、2023年に政策金利を4回引き下げました。これにより銀行の預金金利は約10％から約2～5％に下がり、貸出金利も約15％から7％前後へと半減しています。

不動産開発に関しても、政府は特別委員会をつくって案件化する手続きを促進しています。結果、2023年の第3四半期から不動産マーケットは少しずつ回復してきました。

具体例を挙げましょう。

２０２３年７月、ベトナムにおける不動産デベロッパー最大手のビンホームズが、ホーチミン市にある全３３００戸のコンドミニアム（日本でいうマンション）を販売したところ、発売からたった２日間で約２０００戸、１週間後には約８割が売れました。

他のデベロッパーが発売したコンドミニアムも、１０００戸が発売初日に半分以上売れた例もあります。こうした販売実績は、ベトナム不動産業界のデベロッパーや不動産会社を勇気づけました。

ベトナム人は誰もが、一生の間に自分の家を持ちたいと願っています。ベトナム人にとって不動産は特別な財産であり、特に土地付き一戸建ての家を持つことを夢見ています。この夢をかなえられる人はまだ少ないですが、ローンを組んでコンドミニアムを買うことができる人は増えてきています。金利が下がり、一番安い住宅ローン金利は、コマーシャルバンクで５％（メインは７％前後）になっていますので、貯金がなくても不動産を買えるようになってきているのです。

この「自分の家を持つ文化」があるために、ベトナム不動産マーケットが、10年、20年という長い目で見れば必ず伸びていくと考えられているのも事実です。

余談ですが、ホーチミン市はフランスの植民地だったこともあり、西洋文化の影響が今でも強く残っています。それもあってか、「自分の家」と言っても一戸建てにこだわることなく、好立地のコンドミニアムの人気が高まっていることも、前述のような盛況につながっていると考えられます。

また、ウーバーやグラブといった配車サービスを利用する人が増えているために、自動車を所持していなくても移動が便利になっていることも、コンドミニアム人気の1つの理由です。コンドミニアムには駐車スペースがない物件も多いのですが、自動車を所持しない人にとってはそのほうが好都合だからです。

ターニングポイントだった2023年

不動産価格の3回目のピークだった2008年、ベトナム政府が政策金利を上げ始めたことにともない、不動産取引は鈍化していきました。最も高かった2011年には、貸出金利が20~25%にもなりました。そこで金融政策を引き締め政策から緩和政策に転換。一転、今度は政策金利を下げ始めます。そして、前述したように、2013年には不動産マーケットを回復させるためにサポート政策を実施し、そこから不動産価格は上がり始めました。

それと同じことが、10年後の今も起こっていると言えます。2023年に、ベトナム政府は2013年と同様のサポート政策を実施しましたので、2024年以降、不動産価格は徐々に上がっていくだろうと考えられるのです。そこに気づいたベトナム人から、不動産を買い始めています。

2023年、ベトナムの富裕層は、以前に比べて価格が安くなっているホーチミン市やハノイ市の中心地にある好立地の不動産物件を買いました。自分が住むためにも、価格が下げ止まったことが確認できたので、買い始めています。今買わないと、今後、価格がどんどん上がれば買い逃してしまうと考えているからです。

ベトナムのインフレ率は約3〜4%で、預金金利は約2〜5%です。銀行にお金を預けても実質的な価値は増えません。インフレ率や金利は流動的ですから、場合によっては実質価値がマイナスになります。このことも、ベトナム人が今、不動産を購入する動機になっています。

2章でも見た通り、ベトナムの都市化率（都市人口率）は右肩上がりで、今後も着実に都市化が進んでいきます。インフラ整備も進んでいますので、それにともなって不動産開発もどんどん増えていくことでしょう。

不動産アナリストなどの専門家も、ベトナムの不動産価格は底をつき、最悪の状況はもう過ぎたと述べています。繰り返しになりますが、今後、不動産価格は上昇に転じ、２０２６年ごろにピークを迎えると予想されています。

デベロッパーとプロジェクトの厳選は必須

いざ不動産を購入しようと思ったら、デベロッパー選びには注意が必要です。特に海外不動産の場合は、どの国でもそうですね。ベトナムも同様です。

海外不動産への投資における最大のリスクは、デベロッパーが倒産、あるいは資金難に陥るなどして開発中のプロジェクトが途中でストップしてしまい、購入のために支払ったお金が投資家に戻ってこないといった事態が起こることでしょう。

ベトナムの不動産取引の歴史が浅いということは、不動産デベロッパーの経験値もまだそれほど高くないということでもあります。そこにはチャンスもあれば、当然リスクもつきものです。新興の不動産デベロッパーによる開発プロジェクトが、途中で頓挫してしまうケースは珍しいことではなく、法律上はプロジェクトが途中で中止になった場合、購入者が支払ったお金は返金されることになっていますが、それができないデベロッパーもありました。

こうした最悪の事態を避けるためには、デベロッパーとプロジェクトをしっかり選ぶことが重要です。それにはまず、デベロッパーのそれまでの開発実績を確認し、財務状況などを調べること。実績があり、財務状況が良いデベロッパーのプロジェクトであれば、それだけ安全性も高まります。

また、日本人にとっては、日系の大手企業が参画しているプロジェクトであれば、それだけでも安心感があると思います。実際、トラブルになるリスクが低いのも事実です。日系企業によるＦＤＩが増えていることは2章でも述べましたが、ベトナムの不動産市場に参画している日系企業は多く、たとえば野村不動産は、東南アジア諸国の中でベトナムに一番投資を行っています。

ほかにも三菱商事、三菱地所、東急、住友不動産、大和ハウス、住友林業、長谷工コーポレーションなどは、ベトナムの不動産開発プロジェクトに参画しています。こうしたプロジェクトを選ぶのも、安心安全のための方法です。

さらに、そのプロジェクトにおいて、法的なライセンスをデベロッパーがきちんと取得しているかを確認することも大切になります。ライセンスなく開発したり販売したりすることは、当然ながら違法となるからです。これについては、次章で詳述いたします。

固定資産税や相続税がゼロ！

そしてもう1つ、ベトナム不動産には、ほかの国に比べ、税金面で大きなメリットがあることをお伝えしておきます。

まず、ベトナムの不動産は、日本の固定資産税に当たる財産税が0％です。不動産を保持していることに対してベトナムでは税金がかかりません。

通常、先進国では固定資産税があるのが一般的です。東南アジア諸国でも、フィリピンやマレーシアには固定資産税があります。

たとえばアメリカの場合、この固定資産税が高いため、家賃収入を固定資産税が上回るケースがあります。すると、キャッシュフローはマイナスになってしまいます。インカムゲインがなく、持ち出しになるということです。

さらに、ベトナムには相続税もありません。不動産を相続したときには、相続財産所得税として10％を支払う必要がありますが、これには免税条件があり、夫婦間の相続や、両親と子ども、祖父母と孫、兄弟間の相続などは、相続財産所得税10％の支払いが免除されます。つまり、親族間の相続であれば、ベトナムでは税金がかからないのです。

ベトナムで不動産取得に関連してかかる税は不動産取得税のみ。それも購入時には２％と、ほかのどの国と比べても圧倒的に安いと言えます。

また、海外不動産への投資では、所有している不動産を賃貸に出すのが一般的です。この賃料収入には所得税がかかりますが、個人所有の場合は５％となっており、これもほかの国と比べて、かなり低い税率です。

それとともに、賃貸業の登録費用として年間最大１００万ベトナムドン（約５０００円）を支払う必要があり、家賃には消費税が５％かかりますが、それでもベトナムの税金の安さは魅力的だと思います。

ベトナム不動産には、税金面でも、他国にはない大きなメリットがあるのです。

とにかく工事が速い！　ベトナム不動産

また、ベトナム不動産の特徴として、建設時の工期が短いことも挙げられます。たとえば日本で50階建てのマンションを建設する場合、おそらく工期は3〜4年程度が一般的でしょう。しかし、ベトナムでは、50階建ての建築物が2年半前後で完成してしまいます。それは、ベトナムでは地震がほぼ起こらないために、耐震基準などの建築基準法が日本に比べて厳しくないからだと考えられます。

ほかの東南アジアの国々と比べても、予定の工期が守られる確率は高いと言えます。工事そのものが何年もスタートしないような国もある中、海外不動産投資先を選ぶうえで、これも大きなメリットでしょう。

ホーチミン市は20年後に上海になる？

現在のホーチミン市は、20年前の上海に似ていると言われています。

上海でメトロが開通したのは１９９３年のことです。その後２００３年12月には、不動産平均価格は１㎡当たり約８００ドルでした。それが20年後の２０２３年には１㎡当たり約２万ドルにまで高騰しています。なんと25倍にもなっているのです。

現在のホーチミン市の不動産平均価格は、１㎡当たり約１８５０ドルです。25倍にはならないかもしれませんが、10倍でも約１万８５００ドル、20倍になれば約３万７０００ドルになります。

これは決して夢物語などではなく、十分に可能性のあるお話です。ベトナム不動産には、それだけのポテンシャルがあると、私たちは考えています。

２０１５年の住宅法改正から10年が経ち、日本人にも安心して購入いただけるようになりました。市場のナレッジもたまってきています。まさに「機が熟している」今、ベトナム不動産は買い時なのです。

column

日本政府、企業の投資に個人も続け　〔風戸〕

ここでは、私が考える「不動産投資先としてのベトナムの魅力」について述べたいと思います。

2章でハンCEOがおっしゃっていたように、日本の政府や企業はベトナムに少なくない投資を行っています。その理由は、それだけベトナムの成長に期待していて、それが日本にも好影響を及ぼすと考えているからでしょう。こうした国と企業の考えに合わせて、個人もベトナムに投資する。これは非常に合理的なことだと思います。

少なくとも、日本の政府や企業が投資を行っていない国の不動産に投資するのに比べれば、段違いに高い安心感があるのではないでしょうか。

マクロでは、国やＪＩＣＡ（Japan International Cooperation Agency：国際協力機構）などが投資を行い、ミクロでは日系の大手企業が事業として投資を行っています。これらの投資があって初めて、個人が安心して投資できる環境が整います。国や国際機関↓大企業

図表3-2◎アジア各国の不動産平均価格（2023年）

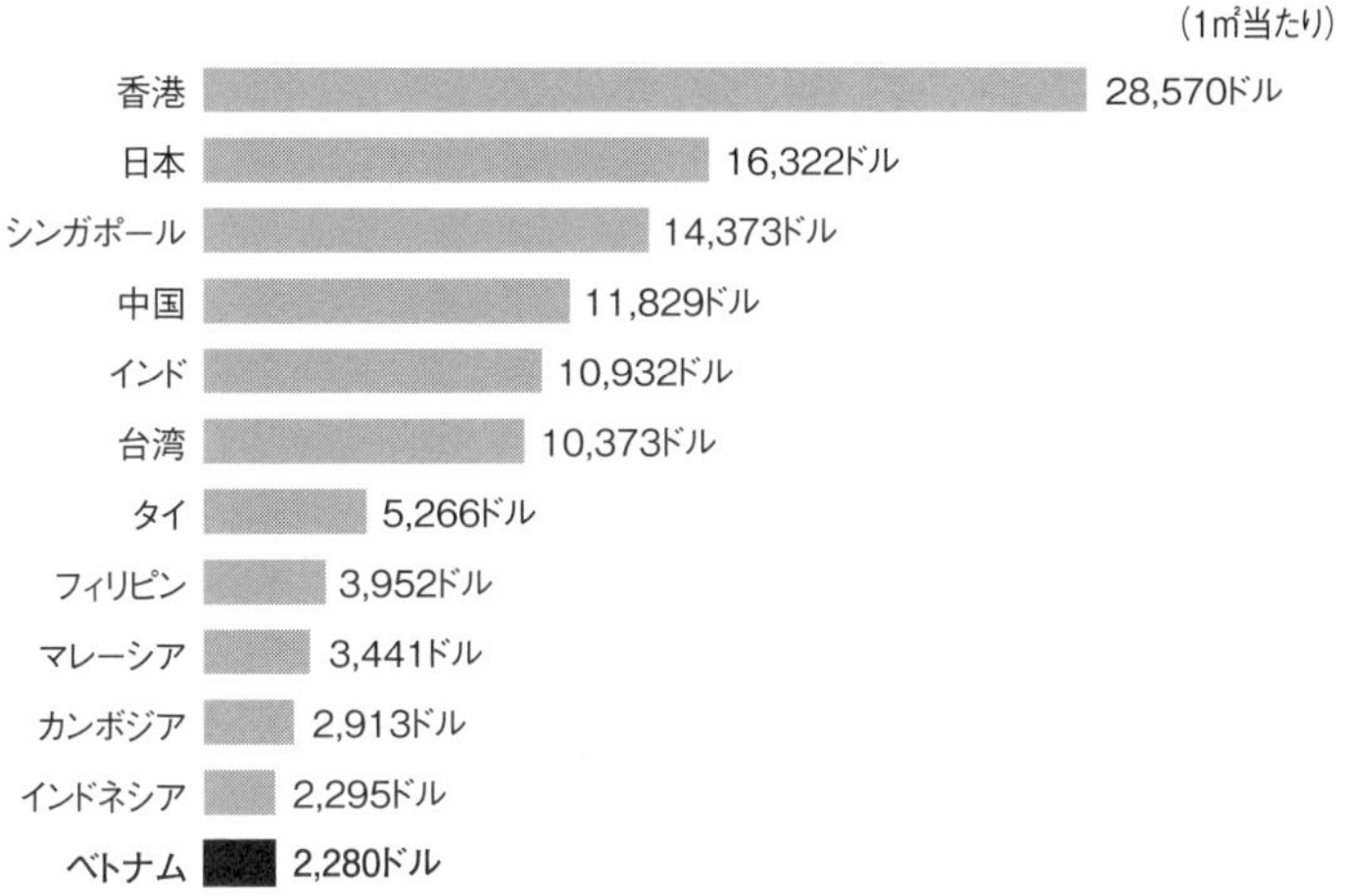

出典:Global Property Guide

↓個人という順番です。ベトナムはようやく個人が投資できる環境になったと言えるでしょう。

インドネシアも外国人が不動産を購入できるようになりましたが、ベトナムよりもさらにその歴史が浅く、取引件数が少ないため、ベトナムがこれまでに経験してきた、トラブルが発生しやすい黎明期だと言えます。

東南アジア諸国で、不動産投資の安全性が一番高いのは、間違いなくシンガポールですが、図表3-2を見てもわかるように不動産価格が非常に高く、1㎡当たり1万4373ドルもします。つまり、かなりの資金力がないと投資ができないということです。

次に安全性が高いのは、おそらくマレーシアです。ただ、マレーシアは不動産をつくりすぎて売れ残っている地域もあり、不動産市況がいいとはとても言えない状況です。

また、投資の基本は、「安く買って、高く売る」ですが、タイは1㎡当たり５２６６ドル、マレーシアは1㎡当たり３４４１ドルと、すでに不動産価格がある程度上がってしまっています。これは投資先を検討するうえではマイナス要因です。

その点では、1㎡当たり２２８０ドルのベトナムに投資の妙味がありそうです。ベトナムは不動産の建設も取引の進行も速いので、それもプラス要因です。

これは私見ですが、ベトナム人はまじめで勤勉な人が多く、それでいてハングリー精神もあります。頑張って豊かになろう、国を良くしていこうという気概を感じます。仕事柄、多くの国の人たちとコミュニケーションをとる機会がありますが、ほかの国の人たちに、こうしたことを感じることはあまりありません。

以上のことから、東南アジア諸国の中で経済面を含めて成長する可能性が一番高いのはベトナムだと見ています。ゆえに、不動産投資に最も適した環境にあるのはベトナムだと断言できます。

ハノイ市に行ったとき、ひと昔前の中国の都市に似ているなと感じました。中国と同じように今後成長する可能性が十分にあり、実際、ベトナムの不動産への投資を検討している人は、ベトナムが中国のように経済発展を遂げていくことを期待しているのではないでしょうか。ベトナムはきっと、その期待に応えてくれると思っています。

インタビュー

「若く」「高く」「大きい」ベトナム市場はまさに今がチャンスのとき

NOMURA REAL ESTATE VIETNAM CO.,LTD 社長　東　伸明様

（2024年5月）

プロフィール

2003年、野村不動産入社。入社後、住宅事業本部にて分譲事業PROUDの事業推進業務等を経て、海外事業を担当。2024年より現職。

我々、野村不動産は、現在のベトナムの不動産市場を、「若い」「高い」「大きい」という3つのキーワードでとらえています。

まずベトナムは、人口の平均年齢が30歳くらいと、とても若い国です。また、不動産のマーケット自体も若く未成熟のた

め、これから成長していく可能性、つまり「のびしろ」が大いにあると考えています。

次に、非常に高い成長率があるということです。GDPや都市化率の上昇率も他国と比べて高い。また、2023年には人口が1億人を超え、今後、さらなる人口増加が見込まれるポテンシャルもあります。

これらのことから、ベトナムが秘める可能性は、非常に大きいと感じています。

これが、我々が考えるベトナム不動産市場の特徴です。

さらに現在は、社債発行による資金調達が容易になっているという状況があります。銀行もそれを全面的にサポートし、融資枠を拡大しているため、我々デベロッパーにとって、非常にメリットが大きいと言えます。

現在、野村不動産における海外投資総額の40％超をベトナムが占めており、今後もベトナムへの投資は積極的に行っていくつもりです。それだけ、ベトナムは重要なマーケットだということです。

投資家の方にとっても、現在は金利が低く、投資がしやすい時期と言えるでしょう。ベトナム不動産への投資は、まさに今がチャンスなのです。

4章

押さえておくべきベトナム不動産取引の基礎知識

ハン

まず確認すべきは、ライセンスの所持

不動産投資に限らず、海外で何かをしようと思ったら、その国の制度についてきちんと知っておかないと、思わぬトラブルに巻き込まれることもあります。この章では、ベトナムにおける不動産取引の基本事項について説明していきます。

実のところ、ベトナムの制度は非常に煩雑で、日本人から見たら、かなり難しいと感じられるでしょう。もちろんプロに助けてもらうことも大切ですが、それでもある程度は自分で知っておいたほうがいいに越したことはありません。

まず、日本人が日本に居ながらにして海外不動産の購入を検討する場合は、日本の「海外不動産エージェント」に相談することになります。風戸さんが代表取締役を務めるProperty Access株式会社は、この海外不動産エージェントに当たります。

ただ、ベトナムでは、不動産を販売するためにはライセンスが必要になります。基本的に日本の海外不動産エージェントは、このライセンスを持っていません。なので、実際にはベトナムの不動産会社から購入することになります。

私がCEOを務めるVietnamGrooveは、ベトナムにおける不動産販売業はもちろん、賃貸・管理業、不動産投資コンサルティング業なども手掛けるベトナムの不動産会社であり、ベトナム最大手のビンホームズをはじめとする不動産デベロッパーの日本担当販売総代理店でもあります。Property AccessとVietnamGrooveは、日本人のベトナム不動産への投資支援を行うために提携しています。まずは、このようなエージェントやデベロッパーを探す必要があります。

「ライセンス」と言いましたが、ベトナムでは、不動産に関するライセンスがいくつもあります。

まず、ベトナムにおいて不動産事業を行う際の免許制度（ライセンス）として、「不動産営業ライセンス」と「宅地建物ライセンス」があります。

不動産営業ライセンスは、日本の宅地建物取引士資格に相当し、宅地建物ライセンスは、日本の宅地建物取引業免許に相当します。最低2名のライセンス取得者がいないと不動産会社を開業できず、各店舗にも最低1名いないと営業できません（国土交通省「海外建設・不動産市場データベース」）。

また、不動産デベロッパーに対しても、土地の使用権を認める「地上げライセンス」、開発プロジェクトを認める「開発ライセンス」、実際の建設を認める「建設ライセンス」、販売することを認める「販売ライセンス」があります。外国人に販売する場合には、「外国人に販売できるライセンス」も必要になります。

地上げライセンスを取得しないと開発ライセンスを申請できず、開発ライセンスを取得しないと建設ライセンスを申請することはできません。建設ライセンスを取得後、特別な研修を受け、それが終わってから販売ライセンスを申請し、取得できれば、販売を開始できます。

ベトナムでは、これらのライセンスをきちんと所持している不動産デベロッパーや不動産会社から購入することが、さまざまなトラブルを防止するうえで非常に重要になります。逆に言えば、ライセンスを所持していない会社から不動産を購入すると、トラブルに巻き込まれる可能性が高く、リスクも大きいということです。

したがって、ベトナムの不動産を購入する際には、必ずライセンスを所持している会社であることを確認することが不可欠です。ライセンスを所持せずに不動産事業を行っている会社も多数ありますので注意が必要です。

まとめると、ベトナムの不動産購入を検討する場合は、ベトナムの不動産会社が不動産営業ライセンス、宅地建物ライセンスの2つを所持しているかどうかをまず確認しましょう。そして、物件選びでは、そのプロジェクトを開発した、あるいは開発中の不動産デベロッパーが、きちんと段階的にライセンスを取得し、外国人に販売できる販売ライセンスまで取得しているかどうかを確認します。

デベロッパーの開発実績は必ずチェックする

新興デベロッパーの中には、販売ライセンスを取得する前に販売を開始し、その後、販売ライセンスを取得できずにプロジェクトが中断する、あるいは、デベロッパーが資金難に陥り、工事が途中で止まってしまうことがあります。

購入価格の50％を支払ったにもかかわらず、プロジェクトが途中で頓挫してしまった場合、法律上は全額返金されることになっていますが、デベロッパーにそれだけの財務能力がないケースでは、一部しか返金されないということも実際にありました。

3章でも少し触れましたが、外国人投資家にとっては最大の注意点ですので、繰り返し述べておきます。

こうした最悪の事態を避けるためには、デベロッパーの過去の開発実績を調べ、販売まで問題なく、トラブルなく行われた実績があることを確認しましょう。同時に、デベロッパーの財務状況を調べることも大切です。

信頼できるデベロッパーのプロジェクトのほうが、当然、不動産価格は高くなりますが、そこには高いだけの理由があるのです。価格が安くても、不動産が完成しなければ一銭にもなりません。

不動産デベロッパーを厳選することは非常に重要なポイントです。

外国人が買えるのは新築と一部の中古

ベトナムの不動産法が改正され、外国人名義でベトナムの不動産を購入できるようになったのは2015年7月1日からです。

外国人が購入できるのは、新規開発されたコンドミニアムタイプが主で、一部、2階建てや3階建ての低層一戸建てを購入できるプロジェクトもあります。

ベトナムでは、土地は国有であるため、使用権が売買されます。ただし、この土地の使用権を外国人が購入することはできません。外国人が購入できるのは建造物だけです。また、前述したように、不動産デベロッパーが外国人に販売できるライセンスを所持しているプロジェクトであることが購入条件となります。

ベトナム人向けのプロジェクトの場合、当然ながらデベロッパーは、外国人に販売できるライセンスを申請しません。ですから、そのようなプロジェクトの物件を外国人が購入することはできません。

新築の不動産でも買えるものと買えないものがあるように、中古にも外国人が買えるものと買えないものがあります。ベトナムでは、「ベトナム人が所有している中古不動産」を外国人が買うことは禁止されています。外国人が購入できるのは、「外国人が所有している中古不動産」のみです。これは他国にはないベトナム独特の制度です。

とはいえ、ベトナムの不動産を外国人が購入できるようになってまだ9年超ですから、転売する人は多くありません。よって、外国人が買える中古不動産はかなり限られます。このため、ベトナム不動産への投資は、ほぼ新築物件と考えたほうがよいでしょう。

また、1章で風戸さんが解説されたように、1つの不動産開発プロジェクトで外国人に販売できるのは3割までで、残り7割はベトナム人向けの住宅として開発することが定められています。

ベトナム政府がこうした制度を採用しているのは、海外からの投資を呼び込み、ベトナムの不動産開発を促進し、都市化を進めていきたい思惑があるからだと推察できます。外国人による中古不動産の購入を自由に認めてしまうと、投資が分散してしまいます。ベトナム政府としては、都市化のスピードを速めるために、外国からの投資を新規不動産開発に集中させたいのです。ですから、外国人が購入できる中古不動産を、外国人が所有しているものに限定したのではないかと見ています。

これらの要件を満たしていれば、外国人は、法人でも個人でも、ベトナムの不動産を購入することができます。

法人で購入する場合には、ベトナムに現地法人をつくる必要があります。そのうえで、自分たちが使う「利用目的」なのか、あるいは「賃貸目的」なのか、「転売目的」なのか、その目的によって事前の手続きが変わります。

個人で購入する場合には、ベトナムに入国できることが条件となります。一般的な日本人であれば購入資格があると考えられますが、犯罪歴がある場合や、入国できても外務省やその関連団体に勤務している場合など、一部認められないケースもあります。

なお、ベトナム不動産を購入する場合、その売買契約書の締結はベトナム国内で行うことが義務づけられています。したがって、日本で購入を決めたとしても、必ず一度はベトナムを訪れる必要があります。

日本の自分名義の銀行口座を使うのが安全、確実

ベトナム不動産の購入を検討するときに、日本人が一番気にされるのが、日本にきちんと送金できるかどうかです。賃貸料収入や、価格上昇後に転売した際の譲渡利益（キャピタルゲイン）を日本に送金できなければ、投資した意味がありませんから、これは当然のことでしょう。

ベトナムから日本への送金を確実に行うためには、そのお金がどのような経緯で得られた収益なのか、正当なお金であることを証明する必要があります。そのためには、そもそも不動産を購入する際の代金が自分のお金であることの証明が求められます。その証明ができないと、譲渡利益はもちろん、賃貸料収入も、ベトナム国外に送金することができません。つまり、ベトナムで得た収益を日本に送金することができないということです。

とはいえ、なにも特別なことをする必要はありません。日本の自分名義の銀行口座からベトナムの不動産会社に購入代金を送金すれば、自分の所持金でベトナムの不動産を購入したと認められます。これが最も一般的かつ安全、確実な方法です。

購入代金は、日本円でも米ドルでもよく、ベトナムに着金した時点の為替レートでベトナムドンに換金されます。

賃貸料収入や転売した際の譲渡利益を日本に送金する場合にも、日本の自分名義の銀行口座を指定するのが一般的で、送金を安全、確実に行えます。

実際、日本人投資家の9割以上は、日本での自分名義の銀行口座を、支払いにも受け取りにも使用しています。

第三者を介した送金は資金の流れに注意

もしも、日本の海外不動産エージェントなど、第三者を通して日本からベトナムに不動産の購入代金を送金する場合には、その第三者の銀行口座に自分の所持金を振り込んだことを証明する必要があります。

ーチミン市

ャンティリー橋(ダナン市)

界遺産ハロン湾(クアンニン省)

海外送金ができるアプリを利用することも可能ですが、この場合も、アプリ会社が第三者となりますので、アプリ会社の口座に自分の所持金を振り込んだことを証明する必要があります。

まれに現金でベトナム不動産を購入したいという人がいます。その場合には、ベトナムに入国する際の通関手続きにおいて、不動産を購入するための所持金であることを金額とともに申請します。これにより、日本から持ってきたお金であることの証明になります。

ベトナム国内はもとより、国外への送金など、お金の流れをきちんと管理し、自分のお金であることを証明する必要があるのは、マネーロンダリング（資金洗浄）などの不正の疑いをかけられないためです。

これはベトナムに限ったことではありません。世界的に資金の流れに関する管理、規制は強化されています。不正目的でベトナムの不動産を買うのは論外ですが、その意図がなくても不正や犯罪に巻き込まれてしまうことはあり得ます。

現金やアプリを使用しての支払い、受け取りには一定のリスクがあり、トラブルになりやすいと言うことができます。

資金の流れには細心の注意を払い、きちんと管理し、何かあった際にはすべて自分のお金であることを証明できるようにしておくことが何よりも大事になります。

納税義務は確実に果たすこと

資金管理において、もう1つ注意しておきたいのが税金です。ベトナムの不動産を購入すれば、ベトナムの税制度に従って納税する義務があるのは外国人でも同じです。

不動産を購入する時にかかる税金は、デベロッパーから購入する場合、不動産取得税の2%に加えて消費税が購入価格の10%で、これは、そのほかにかかる諸費用と合わせてデベロッパーが計算してくれますので、その金額をデベロッパーに払えば、納税、諸経費の支払いを行ってくれます。なお、中古不動産を購入する場合、買主は名義変更・名義登録フィーを払う義務があり、このフィーは売買金額の0・5%です。一方、売主は売買価格の2%の所得税を払う義務があり、仲介会社（エージェント）が納税を行ってくれます。

3章で述べた通り、日本の固定資産税に当たる税金はゼロです。ただし、賃貸不動産として貸し出す場合には、その登録費用として年間最大100万ベトナムドン（約5000円）、賃貸料の所得税が5%、消費税が5%かかります。これらは、賃貸管理業務を依頼

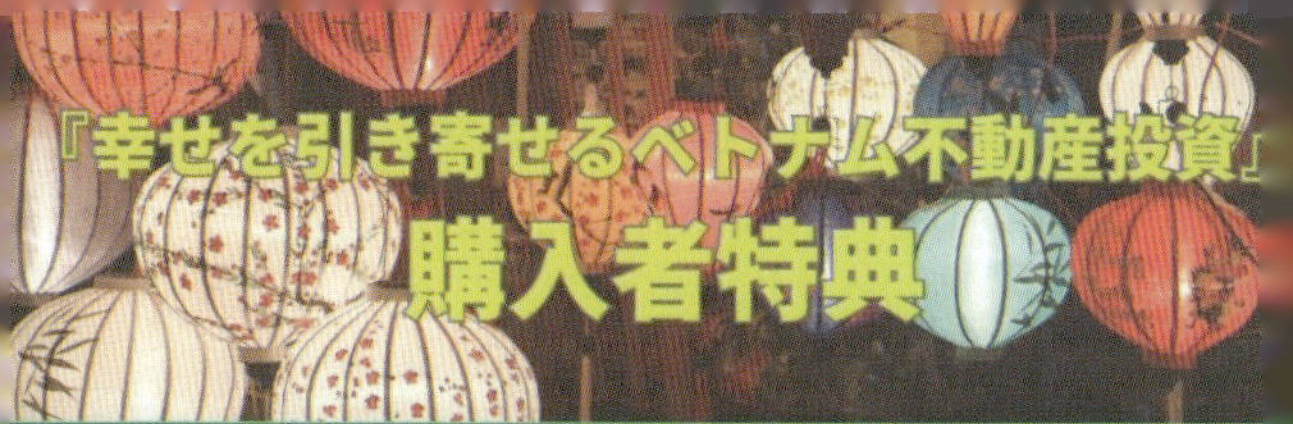

本書籍著者、風戸裕樹監修！

-海外不動産投資を始める前に-

絶対抑えたい35項目

&

-海外不動産投資家へのラストステップ-

失敗回避の極意20項目

無料ダウンロード

海外不動産購入の基礎 15項目✅

- ☐ 日本不動産と海外不動産では商慣習やルールが全く違う。
- ☐ プレビルドと既存物件の購入方法の違いを確認すること。
- ☐ デベロッパーの破産など竣工しないリスクがある。
- ☐ インフラ開発は遅延する場合もあり、中長期視点で。
- ☐ 新興国では物件のクオリティに関するリスクがある。

など、、、

\ダウンロード/
こちらのQRから
▶

無料相談は
こちらのQRから▶

するベトナムの不動産会社に代行してもらうことになりますので、こうした業務に精通している不動産会社を選ぶとよいでしょう。

納税が決められた期日より遅れると、ペナルティとして1日当たり支払い額の0・03%が上乗せされます（たとえば、10日間遅れれば、ペナルティ金額＝税金額×0・03%×10）。

それ以前に、税金を支払わなければ脱税となり、言うまでもなく犯罪です。納税義務はきちんと果たして、クリーンにしておきましょう。納税しなければ、その国からお金を持ち出せないというのは万国共通です。

気をつけなければいけないのは、日本ではその年に行った不動産売買を年末で締めて、確定申告を行い、それから税金を支払うので猶予期間がありますが、海外ではこの猶予期間はありません。ベトナムにおいても、購入時や売却時、賃貸料受け取り時など、その都度ベトナムの各種税金を支払い、きちんと納税が行われたという証明を得なければ、日本に送金することはできません。

ベトナムの不動産会社を選ぶポイント

ベトナムでは、不動産購入者であっても、外国人がベトナムの銀行に口座を開設することはできません。ですので、賃貸料は、借主が現地の不動産管理会社に支払い、その不動産管理会社から日本に送金してもらうことになります。

こうした賃貸時の不動産管理やその費用、それらを含めた期待利回りがどれくらいになるかも、日本人投資家がベトナム不動産に投資する際に気にするポイントです。

賃貸管理を依頼するベトナムの不動産会社を選ぶ際には、賃貸管理業務での実績に加えて、賃貸料収入の日本への送金がスムーズに行えているか、送金実績があるかを必ず確認しましょう。

ベトナムの不動産会社の中には、日本への送金をまだ経験したことがない会社も多々あります。賃貸管理業務の実績と日本への送金実績の2つを確認することが、安定的な賃貸料収入（インカムゲイン）獲得につながることは間違いありません。

VietnamGrooveでは、不動産を購入したお客様に対して、不動産管理、賃貸管理、内装工事、賃貸の集客、テナント（借主・入居者）との契約・やり取り、税金の申請など税務全般、日本への送金まで行っています。毎月の賃料や税金に関しては、明細を発行してお客様に送ります。賃貸管理だけであれば、賃貸料の1カ月分が年間管理費の相場です。また、ベトナムの大手法律事務所と提携しているだけでなく、日本の法律事務所とも提携することで、不測の事態にも備えています。

ベトナムの不動産会社の中にも、違法だとは言わずに違法行為をする会社、脱法すれすれのグレーゾーンの取引を行う会社などがないとは言えません。どこの国にも悪徳不動産会社、悪徳エージェントはいます。

脱税やマネーロンダリングなどへの規制は、近年どの国も非常に厳しくなっていると言いました。故意ではなくても、違法行為をしてしまえばペナルティが課されます。

クリーンな取引を行う不動産会社を選ぶことは、とても重要ですし、任せきりにするのではなく、自分でも最低限の知識を持っておくことも大切です。

実質利回り年5%、さらに価格上昇も年5%

不動産賃貸による利回りについても触れておきましょう。

ホーチミン市の中心地にある人気プロジェクト「ゴールデンリバー」や「セントラルパーク」を、2016年前後に購入した人の2024年1月現在の表面利回りは約7%で、諸経費を除いた実質利回りは約5%となっています。

現在も開発プロジェクトが進行中で、随時、完成した物件から販売が開始されている「グランドパーク」は、表面利回りで約5%、実質利回りで約3・5%です。

日本の不動産賃貸と大きく異なり、賃貸料は毎年5~10%上がります。このため、5年後の期待利回りは6~7%になると言われています。

仮に実質利回りが約5%から上がらなかったとしても、下がる可能性は低く、ベトナムの経済状況を勘案すれば、少なくとも約5%が維持される可能性が高いでしょう。

また、毎年、賃料が約5%上がるだけでなく、不動産価格も約5%値上がりします。ですから、不動産オーナーは、不動産の含み益でも毎年5%ずつ儲かるのです。

海外不動産に投資すれば、毎月の安定的なインカムゲインに加えて、大きなキャピタルゲインも受け取れるのです。

実は、賃貸料が毎年上がらないのは、日本の不動産だけです。海外では不動産の賃貸料が上がることは普通であり、シンガポールやドバイは1年で30％近く賃貸料が上がります。5～10％賃貸料が上がるのは、ベトナムではまったく驚くことではありません。

風戸さんによると、賃貸料が毎年上がることに驚くのは日本人ぐらいで、なぜ日本の不動産だけ賃貸料が上がらないのかと言えば、日本は借主の権利が強い法制度になっているため、オーナーの一存で賃貸料を値上げすることができないからです。

日本で賃貸不動産の賃貸料を上げることができるのは、基本的には借主が退去して、新しい借主を探すときだけ。それも、その近辺ですでに借りている人たちの賃料が相場となるため、安易な値上げはできません。だから、海外の不動産のように賃貸料が上がっていかないのです。

「海外は大家天国である一方、日本は大家地獄だ」と風戸さんは言います。

購入費支払いは「プログレッシブペイメント」で

ベトナム不動産の購入を検討する際、物件を自分の目で見て確認するためにベトナムを訪問する日本人もいますが、残念ながら少数です。現物を見ることで実感できることもありますので、私は絶対的に、ベトナムを訪問することをおすすめしています。

ただ、プロジェクトによっては、建造物の基盤ができた段階や下層階を建設中に販売を開始することもあり、その段階で購入を検討する場合は、見るべき現物はありません。

このような、いわゆる「プレビルド（建物建築中に購入する）」で購入する場合、ベトナムでは「プログレッシブペイメント」と呼ばれる支払い方法が主流です。プログレッシブペイメントは、マレーシアなどでも一般的な支払い方法です。

プログレッシブには、「漸進的《ぜんしん》な」という意味があり、不動産の工事の進捗《しんちょく》に応じて漸進的に順を追って支払いを行っていくのがプログレッシブペイメントです。

一括払いを選択した場合には、プロジェクトや物件にもよりますが、購入代金の5～10%が値引きされるのが一般的で、実際には6～8%値引きされるケースが多い印象があります。したがって、投資資金に余裕がある投資家は、一括払いを選択します。

一方、プログレッシブペイメントは、販売促進のために、いくつかの支払いプランが用意されるのが一般的で、その内容はデベロッパーやプロジェクトによってさまざまです。最初から計画的に支払うケースもあれば、工事の進捗に合わせて、その都度支払っていくケースもあります。

同じプロジェクトであっても、販売時期によって支払いプランが変わることもあります。

2年間で支払うのが基本プラン

例として、外資系デベロッパーに多い、2年間で支払うプランを見てみましょう。

まず不動産購入を決定した段階で、「デポジット（保証金、預り金）」として30万円を支払います。それから1週間以内に購入代金の5%まで支払い、デポジット契約を締結します。デポジット契約は、ベトナムにいなくても、オンラインで締結可能です。

2カ月後に購入代金の10%を支払い、6カ月以内に購入代金の15%を支払います。これ

図表4-1◎支払いプラン例

	部屋コード	GH6-23.17		
	壁芯面積(m²)	58.9		
	部屋タイプ	2LDK		
	販売価格 (税とメンテナンスフィーは含まない)	VND	JPY	
		4,528,219,012	26,852,986	
割引	金1チー(約3.75g)分割引	6,500,000	38,546	※キャンペーン
割引	銀行保証不要	33,912,893	201,108	
割引	GH1、GH2、GH3、GH5、GH6には10%割引適用	448,780,612	2,661,333	※キャンペーン
	税抜き価格(割引後)	**4,039,025,508**	**23,951,999**	
	メンテナンスフィー(販売価格の2%)	80,780,510	479,040	
	販売価格の合計(消費税5%を含む)	4,442,928,058	26,347,198	
	合計	**4,523,708,569**	**26,826,238**	

※メンテナンスフィー=積立金　※キャンペーン内容は、変更する場合があります

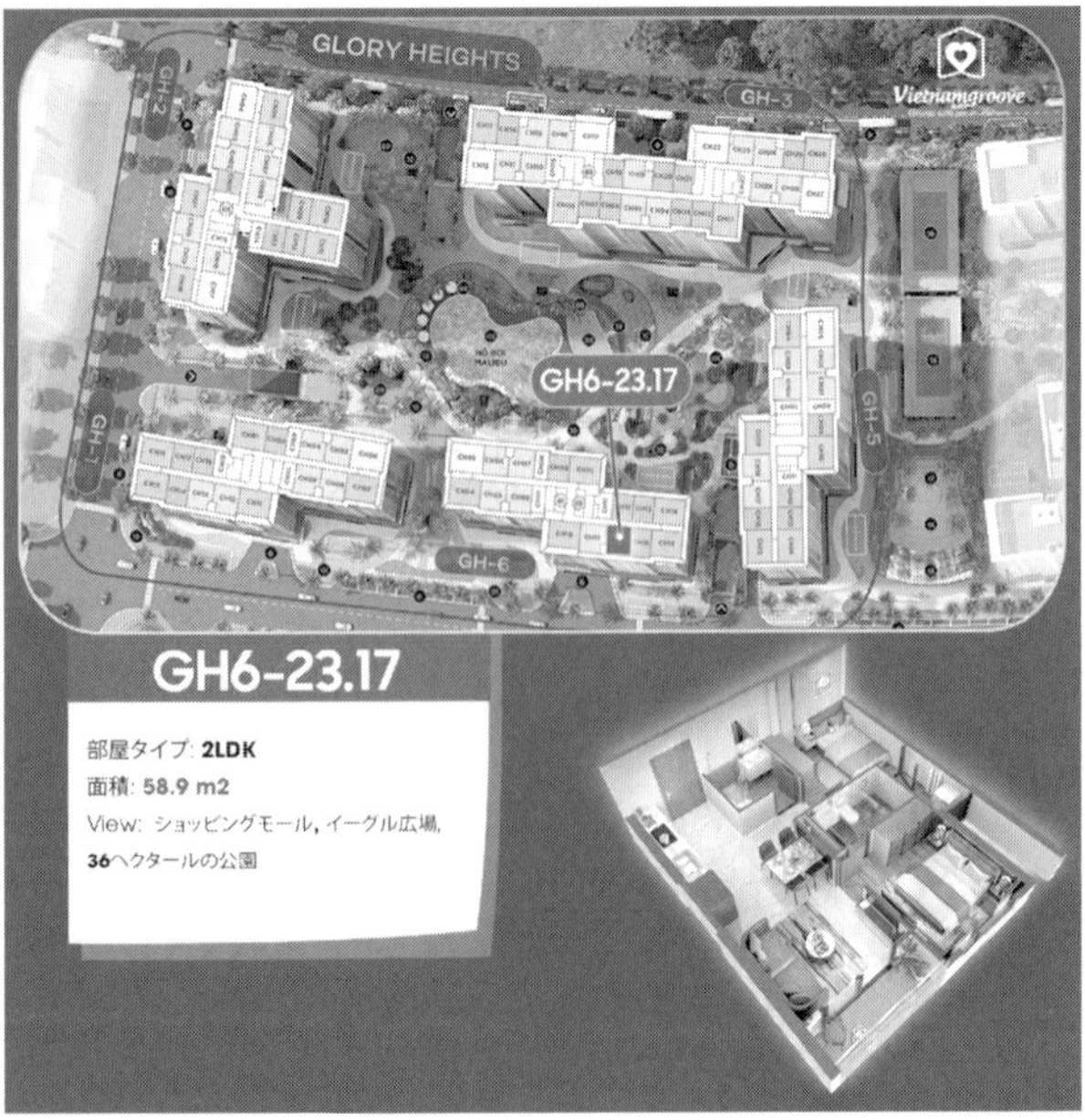

4年間の支払いプラン例

進捗状況	支払い額		
デポジットを締結する	50,000,000VND／アパート	VND	JPY
1回目：売買契約締結直後（契約締結日より15日以内）	消費税を含む販売価格の10%（デポジットを含まない）	406,001,529	2,407,647
2回目：2023年11月20日	消費税を含む販売価格の5%	228,000,764	1,352,077
3回目：2024年1月20日	消費税を含む販売価格の2%	91,200,306	540,831
4回目：2024年3月20日	消費税を含む販売価格の2%	91,200,306	540,831
5回目：2024年5月20日	消費税を含む販売価格の2%	91,200,306	540,831
6回目：2024年7月20日	消費税を含む販売価格の2%	91,200,306	540,831
7回目：2024年9月20日	消費税を含む販売価格の2%	91,200,306	540,831
8回目：2024年11月20日	消費税を含む販売価格の2%	91,200,306	540,831
9回目：2025年1月20日	消費税を含む販売価格の2%	91,200,306	540,831
10回目：2025年3月20日	消費税を含む販売価格の2%	91,200,306	540,831
11回目：2025年5月20日	消費税を含む販売価格の2%	91,200,306	540,831
12回目：2025年7月20日	消費税を含む販売価格の2%	91,200,306	540,831
13回目：2025年9月20日	消費税を含む販売価格の2%	91,200,306	540,831
14回目：2025年11月20日	消費税を含む販売価格の2%	91,200,306	540,831
15回目：2026年1月20日	消費税を含む販売価格の2%	91,200,306	540,831
16回目：2026年3月20日	消費税を含む販売価格の2%	91,200,306	540,831
17回目：2026年5月20日	消費税を含む販売価格の2%	91,200,306	540,831
18回目：2026年7月20日	消費税を含む販売価格の2%	91,200,306	540,831
19回目：2026年11月20日	消費税を含む販売価格の3%	136,800,459	811,246
20回目：デベロッパーの引渡通知書による2026年3月予定	消費税を含む販売価格の45%＋メンテナンスフィー（2%）＋消費税（5%）	2,155,643,591	12,783,275
21回目：アパートの所有権証明書発行時のデベロッパーの通知による	消費税を抜いた販売価格の5%	207,273,422	1,229,161
合計		**4,642,924,658**	**27,533,207**

※レート　168.63VND ＝ 1JPY

※上記価格は一例です。契約時、実際に支払う金額に若干の差異が生じる場合があります。

※区画、タイミング、対象者等により支払いプランは変わります。

※合計金額には、50,000,000VNDのデポジット金が含まれます。

で購入代金の30％を支払ったことになり、この時点で売買契約を締結します。この売買契約は、ベトナム国内で行う必要があり、その際、ベトナムの入国スタンプが押されたパスポートが必要になります。

売買契約締結から2カ月後に購入代金の5％、その2カ月後にまた5％といったように支払いを行い、不動産の引き渡し時期までに50％の支払いを終えます。そして、引き渡しの案内書を受け取った段階で購入代金の45％を支払うと、不動産の引き渡しが行われます。

不動産の引き渡し後、6カ月以内に「ピンクブック（日本における登記簿謄本）」の申請を行います。ピンクブックが発行されるのは、申請から1年～1年半後となります。このピンクブックを受け取るときに残りの5％を支払い、購入代金の全額の支払いが完了します。

この間に、契約の締結として契約書を取り交わすのは、デポジット契約書と、売買契約書の2回です。

ベトナムのデベロッパーの場合には、不動産の引き渡し前までに70％の支払いを求め、引き渡し時に25％、ピンクブック受け取り時に最後の5％を支払うといったプランが一般的です。

プログレッシブペイメントでは、2年間のプランが多いですが、購入代金の3〜4%の少額を2カ月に1回支払い、3年、4年かけて支払うプランもあります。

売買契約書は60ページにも及ぶ

日本の不動産の売買契約書は1枚、多くても数枚ですが、ベトナムの売買契約書は60ページ近くあります。

日本の契約書が少なくて済むのは、各種の法律で詳細まで規定されているからです。ベトナムでも法律の改正が繰り返し行われており、規定が増えていますが、それでも契約書で別途細かく規定しなければならない事項が多くあります。

また、すでに完成している不動産物件を販売するのではなく、これから建設する物件を販売する場合には、さらに細かく記載する必要があります。「いつまでに基盤工事が終了するか」「引き渡し予定時期はいつか」「ドアやフローリングはどのような素材のものが使用されるか」「内装付きかそうでないか」といったことまで、すべて売買契約書に記載されるのです。

ほかにも、買い主、売り主の権利や義務、所有エリアと共有エリアの詳細、管理費なども記載されますし、未完成物件の販売の場合には、万が一、デベロッパーが物件を完成できない場合に賠償はどうなるか、銀行の保証や賠償金額なども記載されます。逆に、購入者が途中で支払いができなくなった場合のペナルティなども記載されます。このように事細かく規定を記載して売買契約を結ぶ必要があるため、売買契約書が60ページにもなるのです。

売買契約書は、デベロッパーがドラフトを作成し、国の不動産取引に関する管理機関、ホーチミン市なら経済産業局に申請して承認を受けます。承認を受けていない売買契約書は無効です。

この売買契約を締結する前にデポジット契約を行います。先ほど例に挙げたように、デポジット契約書は、購入を決めてから1週間後に5％を支払って締結されます。一方で、売買契約書は通常30％ぐらいまで支払ってから締結するので、プロジェクトによって多少の前後はありますが、デポジット契約締結の3～6カ月後となります。

ただし、プロジェクト販売の最後の物件などといった場合、デポジット契約締結と売買契約締結の時期が近く、1カ月ぐらいしかないものもあります。この場合、一緒に締結するケースもありますが、デポジット契約書は買い主の権利を確保するものなので、デポジットを支払ったら、すぐにデポジット契約を締結したほうが良いでしょう。

契約書はそれぞれ3部作成し、買い主が1部、デベロッパーが2部を所有します。デポジット契約書3部、売買契約書3部、合計6部あり、それぞれの1ページごとにサインするため、一度に締結する場合には、サインするだけで1時間ぐらいかかります。

契約書は英語とベトナム語の併記ですが、VietnamGrooveでは、必要があれば、大事な部分を日本語に翻訳することもできます。

購入不動産を賃貸にする場合の準備と管理

購入した不動産を賃貸に出す場合には、賃貸管理業を行う不動産会社とオーナーが委託契約を結ぶ必要があります。ちなみにVietnamGrooveの場合は、販売契約を締結するためにベトナムを訪れた際に、こうした一連の契約をすべて一括して行います。

委託契約を結べば、オーナーに代わって借主と賃貸契約を結ぶことができます。

賃貸契約には、1年契約と2年契約（交渉によって期間と価格を決める）があり、テナント（借主・入居者）が自分の都合を考慮してどちらかを選びます。それ以外に、「エアビーアンドビー（Airbnb）」などのオンラインプラットフォームを見たユーザーと、日ごと、週ごと、月ごとといった短期の契約を結ぶケースも少数ながらありますが、一番多いのは、1年契約で更新するケースでしょうか。

ベトナムの賃貸物件は、家具などの内装を整えたうえで賃貸に出すケースと、内装なしで賃貸に出すケースがあります。ホーチミン市の中心地にあるような高級賃貸物件は、約9割が内装付きですが、中級になると半々で、家賃を抑えたい低所得者は内装なしを選ぶので、そうした物件が多くなります。当たり前ですが、内装なしよりも、内装付きのほうが賃貸料を高く設定できます。

ただ、ベトナムの内装費は安く、1LDKなら約50万円で基本的な家具と家電製品を揃えられます。2LDKなら約100万円、3LDKなら約150万円が目安となります。

内装付きの部屋であれば、日本の敷金に当たる「デポジット」は家賃の2～3カ月分が相場です。家賃の支払いは1カ月に1回か、2カ月に1回。契約期間が終了するときに、契約を更新するか、新たな契約をあらためて締結するか決めます。

契約終了時に、部屋の内装の装備品などを壊してしまっていた場合や、賃貸料の未納があった場合などには、デポジットがそれに充当されます。また、借主の契約違反で契約をキャンセルする場合は、オーナーがデポジットを返さなくてもいい権利があります。

賃貸契約を結ぶ際にベトナムを訪問する必要はありませんが、年に1回、自分の不動産の様子を見に来る日本人オーナーもいます。任せきりでも問題はありませんが、観光と合わせて見に来るのは悪いことではないと思います。

なお、借主の集客には、フェイスブックなどのSNSが多く使われています。グーグルには不動産賃貸専用のページがあり、物件情報や広告が掲示されます。

column

ビングループはベトナム随一の財閥

ビンホームズ（Vinhomes）は、ベトナム最大の財閥企業グループであるビングループに属する、ベトナム最大手のデベロッパーです。

ビングループには次のような企業が属しています。

ビンファスト（VinFast）：自動車・バイク製造業
ビンイーエス（VinES）：エネルギー事業
ビンバス（VinBus）：バス交通事業
ビンエーアイ（VinAi）：ＡＩ（人工知能）事業
ビンビッグデータ（VinBigdata）：ＩＴ系テクノロジー事業
ビンシーエスエス（VinCSS）：インターネットセキュリティ
ビンエッチエムエス（VinHMS）：ソフトウェア

ビンブレイン（VinBrain）：人工知能を使用した医療用ソフトウェア
ビンホームズ（Vinhomes）：不動産開発事業
ビンパール（VinPearl）：リゾートホテルチェーン、ホテル、スパ、会議センター、レストラン、ゴルフ場、国際基準遊園地運営
ビンコム（VinCom）：ベトナムでナンバーワンの小売不動産ブランドで、ビンコムセンター、ビンコム・メガモール、ビンコムプラザ、ビンコム＋の４つのブランドがある。
ビンメック（VinMec）：病院事業
ビンスクール（VinSchool）：幼稚園、小学校、中学校、高校など教育事業
ビンユニー（VinUNI）：国際大学事業
ビンフューチャー（VinFuture）：科学研究支援ファンド
ビンアイエフ（VinIF）：ビッグデータ研究ファンド
クイー・ティエン・タム（Quỹ Thiện Tâm）：チャリティーファンド
クイー・ビ・ツオン・ライ・サン（Quỹ Vì Tương Lai Xanh）：グリーン事業発展ファンド

こうしたビングループの各企業と連携することで、ビンホームズは単なる住宅建設事業者ではなく、不動産をとりまくコミュニティ全体を創造する、ベトナムにおいて唯一無二のデベロッパーとなっています。

インタビュー

ビンホームズＣＥＯ　グエン・トゥー・ハン様（２０２４年５月）

日本人投資家に驚きと利益をもたらすビンホームズの「メガシティ」プロジェクト

現在ベトナムは、成長著しい状態であると言えます。過去10年間の平均経済成長率が６％を超えており、これは、世界平均の約３％や、アジア地域平均の約４％よりも高い数値です。

中でもオープンで透明性の高い投資環境があるベトナムの不動産セクターは、さらなる成長の可能性が非常に大きい分野です。ベトナムの都市化率の目標は、「２０２５年までに45％」「２０３０年までに50％」とされていますが、どちらも達成できると予想されています。

そういった意味でも、ベトナム不動産は、間違いなく魅力的な投資先であり、投資家全般、特に日本の投資家にとって大きな利益をもたらす可能性が十二分にあるでしょう。

私たちビンホームズは、ベトナム不動産市場における日本の投資家の潜在能力を、非常に大きいと見ています。2023年には、日本の投資家によるベトナム不動産への投資が、前年比37・3％増の65・7億米ドル近くになったと推計されています。

さらに、日本は現在、ベトナム不動産に投資している国の中で、投資額が第2位となっています。それだけでなく、日本企業などが関わる不動産開発プロジェクトは、ベトナム全63省・5中央直轄市のうち、57省・市にまで及びます。これは、日本がベトナムに対していかに期待しているかの現れと言っても過言ではないでしょう。


現在ビンホームズは、「グランドパーク」（ホーチミン市）、「オーシャンパーク」「スマートシティ」（ハノイ市）、「ロイヤルアイランド」（ハイフォン市）など、近代的で利便性の高い都市部に、日本人向けの高級コンドミニアムやヴィラを数多く提供しています。

これらのプロジェクトの販売にあたっては、「2〜3年間の支払い遅延ポリシー」「管理費インセンティブプログラム」「ギフトパッケージ」「家具一式パッケージ」など、多くの柔軟な販売施策やインセンティブを適用しています。早期に住宅を取得した投資家には特典もあります。

これらビンホームズが手がける都市部のプロジェクトにおける最大の特徴は、「オールインワン・ユーティリティ・システム」を備えた「メガシティ」モデルにあります。ビンホームズが開発したメガシティを訪問した日本の投資家の、実に90％以上が「非常に感銘を受けた」と答えています。学校、病院、ショッピングセンター、テーマパーク、子どもの遊び場、イベントエリア、ナイトマーケット、フードストリート、ショッピングストリート……、これらの施設がすべてそろっているメガシティの利便性を、高く評価しているということです。

また、日本庭園、提灯をあしらった公園、鯉が泳ぐ池など、日本文化に関連した景観の開発にも力を入れています。特に、新しく立ち上げられた「ロイヤルアイランド」プロジェクトでは、世界的な建築家の隈研吾氏と共同で設計した「雅」分譲地において、各ヴィラに日本の息吹を吹き込んでいます。

さらに、ビンホームズのメガシティは、どれも交通の便がよく、都市化が進む地域の中でも人気の高いエリアに立地していることが多いため、不動産の将来的な価値が高まる可能性もあると言えます。これは日本の投資家にとって最大のメリットではないでしょう

2024年５月に行われたビンホームズとVietnamGrooveによる戦略的協力の調印式。グエン・トゥー・ハンCEO（右）とレ・ティ・タン・ハンCEO

か。

　ビンホームズの不動産プロジェクトは、建設品質はもちろん、引き渡しスケジュール、メガシティ運営などにおいても高く評価されています。この事実は、日本の投資家がビンホームズの評判や能力を確認できるだけでなく、不動産の価値や流動性を高めることにもつながっています。

　日本人は特に信用を重んじますが、それはビンホームズに投資する全投資家にとっても、重要なことなのです。

　ビンホームズの、日本市場における戦略的パートナーがVietnamGroove

です。VietnamGroove は、過去6年間、日本市場でビンホームズの不動産プロジェクトを販売する戦略的エージェントとして重要な役割を果たしてきました。

日本の投資家に対しては、日本語が堪能で、豊富な経験をもち、日本の文化や嗜好《しこう》を深く理解しているベトナム人と現地の日本人のコンサルタントチームを通じて、直接サポートを行います。

私たちは、これからも VietnamGroove とより緊密な協力関係を築きながら、多くのビンホームズの不動産プロジェクトを、日本の投資家に届けていきたいと考えています。

そして、近い将来、より多くの日本人が、ビンホームズが開発したベトナム都市部の不動産に、実際に住むようになってくれることを期待しています。

5章

ベトナムのおすすめエリアはここ！

ハン

投資候補地は3択

基礎知識がわかったら、いよいよ具体的な投資先について見ていきましょう。ベトナム不動産への投資を検討する場合、候補地となるのは次の3つのエリアでしょう。

①ホーチミン市
②ハノイ市
③ダナン市＋ニャチャン（観光リゾート地）

ベトナム不動産に投資を行う日本人の約7割は、ホーチミン市の物件を購入します。次がハノイ市で約3割。観光リゾート地であるダナン市とニャチャンは、少数ですが投資と観光の両方の目的でホテルコンドミニアムを購入する日本人がいます。

では、それぞれ見ていきましょう。

ベトナム最大の都市・ホーチミン市

日本人がベトナムと聞いて、最初に思い浮かべる都市は、ホーチミン市ではないでしょうか。

ホーチミン市はベトナム南部に位置する国内最大の都市です。古くはサイゴンと呼ばれており、この名前に聞き覚えのある人もいると思います。

ベトナム政府の管轄を直接受ける中央直轄市の1つで、16の「区」と1つの「市」、5つの「県」があります。市の中に、区だけでなく市や県まであるところは、日本との大きな違いです。

面積はおよそ2096㎢。人口は約920万人で、ベトナム全体の約9・3％に当たります。人口密度は約4400人／㎢で国内最高です（2021年ベトナム暫定国勢調査より）。古くからベトナムの経済的中心地として栄え、フランスの植民地だったこともあり、「東洋のパリ」と呼ばれることもあります。

ホーチミン市の中心エリアは、フランス植民地時代の歴史ある街並みと、経済成長の象徴である高層ビル群が同居しています。ロマネスク様式の聖堂や仏教寺院など歴史的建築物が多数あり、ベトナム国家大学ホーチミン市校をはじめとする高等教育機関、博物館などの文化施設も多くあります。外国人観光客が大勢訪れる人気の観光都市であり、2023年には500万人以上の外国人が訪れました。新型コロナウイルスのパンデミックにより、一時は減りましたが、収束後、だいぶ観光客が戻ってきています。

まだ鉄道（メトロ）が開通していないため、移動手段は自動車に限られます。このため自動車の交通量は非常に多く、川を渡る橋付近や中心エリアでは朝晩など渋滞する時間帯もあります。

不動産はローエンドからハイエンドまで多岐にわたり、労働者階級層から上流階級層まで住んでいます。コンドミニアムタイプの物件は、価格が上がり続けています。

ベトナム最大の都市であるホーチミン市は、インフラ開発が最も進んでいる都市であり、不動産開発プロジェクトも小型のものから巨大プロジェクトまで、まだまだ開発計画が目白押しです。ベトナムの中では、不動産投資に最も適した都市だと言えるでしょう。

ホーチミン市とひと口に言っても広いので、開発が進んだ順番に「中心エリア」「南部エリア」「東部エリア」「北西部エリア」の4つに分けて、それぞれの特徴を説明していき

図表5-1◎ホーチミン市の主要エリア

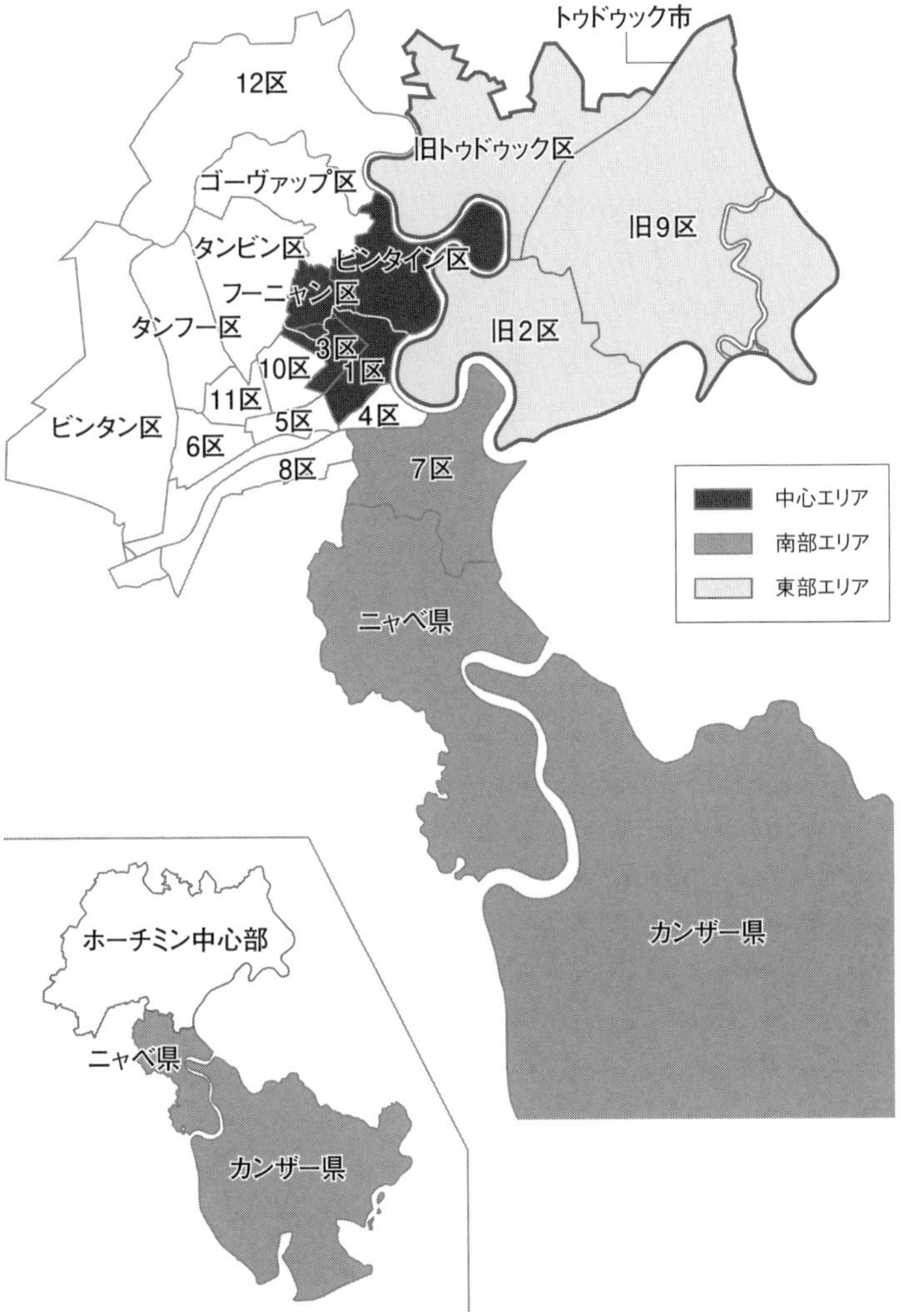

ましょう。

中心エリアは利便性が高く、人気も高い

ホーチミン市の中心エリアは、「1区」「3区」「フーニャン区」「ビンタイン区」の4つの区となります。

■1区

「1区（約7・7㎢）」は、ホーチミン市の中心エリアの中で最も活気があります。多くのオフィスビルがあり、高級ファッションブランドが軒を連ねる、日本の銀座のような場所や、日本食レストランなどが集まる日本人街もあります。5つ星ホテルも数多くあり、その中には、フランス領時代につくられたホテルもあります。ベトナム人も外国人も多い、最もにぎやかなエリアです。

有名な建築物や施設としては、統一会堂（ベトナム戦争終結の地）、サイゴンノートルダム大聖堂、サイゴン中央郵便局、ホーチミン市博物館・美術館、ホーチミン歌劇場（オペ

ラハウス）、ベンタイン市場、サイゴン動植物園などがあります。1区にある日本人街や欧米人街は夜でも活気があり、「眠らない街」といった風情です。提供されているサービスは、欧米人向けではありますが、とても安価なベトナム価格で、欧米人に限らず外国人から人気です。

また、メコン川の支流として知られるサイゴン川が流れる1区では、昔から水路がホーチミン市の大事な交通手段の1つであり、現在もサイゴン川沿いには5つ星ホテルや高級コンドミニアムなどが立ち並んでいます。

2024年に開通予定のメトロ1号線は、ベンタイン市場の近くにベンタイン駅がつくられており、ここが始発駅となります。

高級コンドミニアムとしては、サイゴン動植物園とサイゴン川に挟まれた超一等地にビンホームズが開発した「ゴールデンリバー」などがあります。

■3区

1区の西側に位置するのが「3区（約4・9㎢）」です。3区には個性的なカフェやレストランが数多く点在しており、文化や芸術の中心地と言えます。ベトナム戦争とインドシナ戦争の記録を公開している戦争証跡博物館などのほか、ピンクの外観で有名なタンディン教会は、ＳＮＳ映えするとして、観光客にも人気です。

一方で、在ホーチミン市日本総領事館や、ベトナム共産党のホーチミン市事務所といった、政治的な要所があるのも3区です。

また、ベトナムでは「5区で食べて、3区で寝る」と言われるように、3区はフランス領時代から高級ヴィラ建設の中心地として計画され、今でも300～500㎡規模の、フランス領時代からのヴィラが多く残っています。

この20年くらいは、ホーチミン市民をはじめ、多くのベトナム人にとって、ファッションとビューティ・スパの街として認知されるようになりました。ファッション街として有名なのは、レ・バン・シー通りやグエン・ディン・チエウ通りで、ボ・バン・タン通りやカオ・タン通りなどは、ビューティ・スパ街として有名です。

ホーチミン市の歴史的な電車の駅として知られるホア・ヒン駅も3区にあります。

■フーニャン区

1区の北西側にあるタン・ソン・ニャット国際空港と1区との間に位置するのが「フー

ニャン区（約4・9㎢）」です。伝統的なライフスタイルと現代的なライフスタイルが交差するエリアと言われており、周辺地域への交通の利便性が高い高級住宅地となっています。

フーニャン区には、19世紀から立つ寺院が70カ所以上あり、現在でも維持されています。中でも最も有名な寺院はティン・ヴィエン・バン・ハン（バン・ハン寺）で、ベトナムの仏教教育院として知られており、巨大な黄金の仏像は遠くからも見ることができます。ほかに、ファップ・ホア寺院やダイ・ジャック寺なども有名です。

また、さまざまな遺跡も点在しています。代表的なものは、フーニャン帝国家遺跡、チユオン・タン・ビュウ廟国家遺跡、ツー・バン寺遺跡、フン寺院歴史遺跡などです。

■ビンタイン区

1区の北側に位置するのが「ビンタイン区（約20・8㎢）」です。フーニャン区の4倍ほどの広さがあり、現在、1区に近いエリアは、シティガーデンやビンホームズによる「セントラルパーク」などのような新規開発不動産案件によって都市化が進み、高級な雰囲気の街になっています。

一方で、サイゴン川に囲まれているタンダー半島は未開発エリアで、メコンデルタに近く、ローカルな雰囲気を残しています。タンダー半島にはメコンデルタの歴史的な風景を再現したビン・クオイ観光村があり、かつてのメコンデルタエリアの村や南国の雰囲気を体験できて、ホーチミン市民のみならず、ベトナム人、外国人にも人気です。

また、バン・タン観光地や、サイゴン橋のエリアにあるタン・カン観光地なども、人気のスポットとなっています。

先述した「セントラルパーク」内には、2018年に完成した「ランドマーク81」があります。その名の通り81階建てで、ベトナムで最も高く、東南アジアでも2番目に高い、461・3メートルの高層ビルです。地下1階から5階まではビンコムセンターというショッピングモールで、その上は高級マンション、48階以上はホテルとなっています。

高級住宅街として開発された南部エリア

ホーチミン市の中心エリアの次に開発されたのが、南側に位置する「7区（約35・7㎢）」です。

中心エリアと7区の間には、「4区（約4・2㎢）」があります。4区は10年ほど前までは貧困層が住み、治安の悪い、いわゆるスラム街でしたが、犯罪者が大量に検挙されたこともあり、現在はだいぶ改善され、開発が徐々に進んでいます。とはいえ、不動産投資に適しているのは7区のほうです。

■7区

7区には、フーミーフンという新都市があり、これはベトナム政府と台湾資本のフーミーフングループによって1996年から2010年ごろまでに開発されました。雰囲気はシンガポールの街に近く、近代的で、交通や生活の利便性と安全性が非常に高い都市エリアとして人気があります。

ホーチミン市の中心エリアからは5キロメートルほどしか離れておらず、車なら20分程度で行き来することができます。ただ、間にケン・テー川が流れており、それを渡る橋が少ないため、渋滞にはまってしまうと、もう少し時間がかかります。7区内は開発時に区画整理がされており、道幅も広いため、渋滞することはほとんどありません。

7区のフーミーフン新都市は高級住宅街で、何億円もするコンドミニアムやプール付きのヴィラなどもあり、ベトナム人の富裕層や外国人が数多く住んでいます。緑豊かな公園や、ロッテマートなどといったショッピングモールやスーパーマーケットも多く、高度医療を提供する総合病院もいくつかあります。

日本人学校をはじめ、各国のインターナショナルスクールも集まっているため、家族でホーチミン市に赴任している外国のビジネスパーソンは、このフーミーフンに住む人が多い印象です。

■ニャベ県

7区の南側に位置する「ニャベ県（約100・4㎢）」は、ドンナイ川沿いの自然豊かな地域です。緑の近くで静かに暮らしたい人に適しているエリアで、近年、少しずつ開発が始まっています。

■カンザー県

ニャベ県のさらに南側に位置するのが「カンザー県（約704・5㎢）」。ニャベ県よりもさらに広大な地域で、ホーチミン市で唯一、美しい海に面しています。また、アジア最大級のマングローブ林があり、2000年にはUNESCOによってベトナムで最初の生物圏保存地域として認められました。これらのカンザーマングローブは、管理局によって監視されている特別な植物・動物に含まれています。

まだほとんど開発されていませんが、漁村なども有名で、大規模な港を開発する予定もあります。約20キロメートルあるカンザー海岸では、現在、アサリの養殖が行われているために、海水が茶色くなって泳ぐことができませんが、将来的に改善・開発されることがあれば、ホーチミン市民をはじめ、多くのベトナム人・外国人観光客が来ると予想されています。このような、観光地としての潜在的な魅力が高く評価されており、ベトナム政府と民間企業が今後どういった開発を行うか、いろいろな計画を出し合いながら議論している段階です。

なお、現在は他の区・県と大きな川で隔てられており、橋が未整備のため、カンザー県へは、フェリーを使わなければ行けませんが、ホーチミン市政府による2本の橋の建設計画が進められています。

1本はビン・カン橋で、ドンナイ省のロンタイン県からローン・アン省のベン・ルック県までの高速道路の橋が工事中です。もう1本はカンザー橋で、ニャベ県からカンザー県につながります。すでに設計などの準備は終わり、土地賠償手続きを展開している段階で、2025年4月30日に着工する予定です。

現在、最も開発が進んでいる東部エリア

中心エリア、その南側の7区の開発がほぼ終わった2010年ごろから開発が始まったのが、中心エリアの東側です。現在、急速に発展している地域でもあります。

■トゥドゥック市

ホーチミン市の中心エリアの東側には、「2区（約50㎢）」と「9区（約114㎢）」と「トゥドゥック区（約48㎢）」の3つの区がありましたが、2020年に合併され、できた省轄市（省が管轄する市）が「トゥドゥック市（約212㎢）」です。多くの大学や工業団地が立ち、新しい都市開発プロジェクトも進められていて、ホーチミン市における教育と産業の中心地となっています。

2024年の開通が待たれるメトロ1号線は、1区から北東方面に伸びており、主にこ

のトゥドゥック市内を走る路線となります。中心エリアに隣接しているため、現在でも交通の便は良いですが、メトロが開通すれば、さらに移動の利便性が高まることが期待され、注目のエリアと言えるでしょう。

■旧2区

トゥドゥック市の中で、1区からサイゴン川を渡ってすぐのエリアが旧2区です。フィンテックの中心地として企画され、半分程度はすでに開発が終わっています。

1区からサイゴン川を渡ってすぐのタオディン地区の高級ヴィラには、欧米人が多く住んでいます。旧2区のコンドミニアムの価格は、この10年で4～5倍に上がっており、人気が高いエリアです。

インフラ整備の観点から見ても、旧2区には1区につながる、ホーチミン市唯一の川を通るトウ・ティントンネルやメトロ1号線、環状2号線、環状3号線などが通り、交通の便が進んでいると言えます。また、ホーチミン港の主要ターミナルであるカット・ライ港も旧2区に位置しています。

■旧9区

旧2区の東側が旧9区で、韓国のサムスンやLG、アメリカのインテルなどの工場が並ぶハイテク工業団地（サイゴンハイテクパーク）があります。それ以外にも、機械・自動車向け工業団地や、IT・ソフトウェア産業工業団地（ソフトウェアシティ）などもあることから、ホーチミン市のテクノポリスと呼ばれています。

メトロ1号線や、環状2号線、環状3号線といった高速道路や自動車専用道路が整備されているだけでなく、IDC（総合物流センター）もいくつかあるため、物流拠点が多いのも特徴の1つです。ホーチミン市の中心エリアまで車で30〜40分と交通の便も良く、旧9区も開発がかなり進んでいるエリアだと言えるでしょう。

この旧9区の最も東側、ドンナイ川の支流沿いにビンホームズが開発中なのが「グランドパーク」です。2026年に開通予定の環状3号線が完成したら、車での移動が非常に便利になると期待されています。

さらに東側には、2026年の開港を目指してロンタイン国際空港が建設中です。トゥドゥック市は、インフラ整備が進み、港やIDCが集まるだけでなく、中心エリアと新空港の中間に位置するため、不動産価格の上昇が見込める注目のエリアとなっています。

北部・西部エリアの開発はこれから

東部エリアの次に開発される予定なのが北側のエリアです。まだ都市化が進んでおらず、現在は農村地域となっています。「ゴーヴァップ区（約19・7㎢）」と「12区（52・7㎢）」があり、さらに北側に「ホクモン県（約109・2㎢）」があります。このホクモン県は中心エリアから車で約40分です。

ホクモン県のさらに北側には「クチ県（約434・8㎢）」があり、その先にあるモクバイが国境の街となります。モクバイ国境ゲートを越えるとカンボジア王国です。

また、中心エリアの西側には、「5区（約4・3㎢）」「6区（約7・1㎢）」「8区（約19・1㎢）」「10区（約5・7㎢）」「11区（約5・1㎢）」「タンビン区（約22・4㎢）」「タンフー区（約16・0㎢）」「ビンタン区（約52・0㎢）」があり、さらに西側には広大な「ビンチャイン県（約252・6㎢）」があります。

中心エリアに隣接する5区とその西側の6区には中華街チョロンがあり、50万人を超える華僑が住んでいます。

タンビン区には、ホーチミン市の空の玄関口であるタン・ソン・ニャット国際空港があります。中心エリアからは北西に約8キロメートルしか離れておらず、車で約30分です。

この北部・西部エリアは、将来的には、テクノロジーを駆使した最先端農業を行う地域として開発が進められる予定で、環境に配慮した現代的なエコロジカルシティとなることを目指しています。

場所による程度の差こそあれ、フーミーフンをはじめ、ホーチミン市南部不動産の価格は、この20年間で、平均10～20倍ほど高くなっています。ホーチミン市では、新都市開発開始時点から20年経って、不動産価格が10～20倍に成長した実績もあり、今後、ホーチミン市で新都市の開発を開始しているエリアの物件は、10年、20年後には10倍以上も高くなる可能性があると言えるのではないでしょうか。

首都ハノイ市は多様な文化が交じり合う都市

次に、ベトナム北部に位置するベトナム社会主義共和国の首都であり、政治の中心地で

図表5-2◎ハノイ市の主要エリア

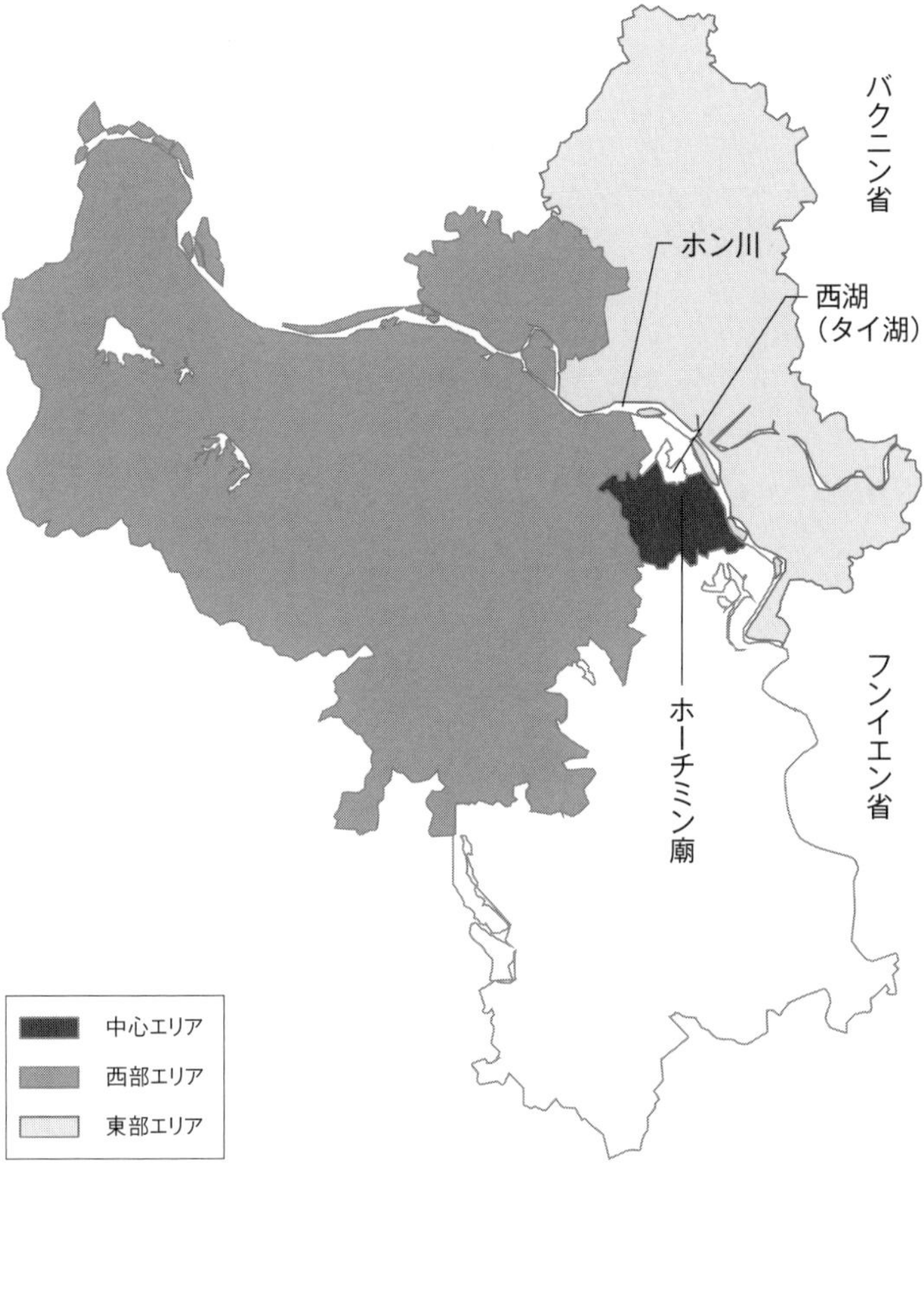

あるハノイ市を紹介します。経済的にも、ホーチミン市に次ぐ第2の都市であり、ホーチミン市同様、中央直轄市となっています。面積は3359・82㎢と、ベトナムで最も大きい都市であり、人口は859万人超（2023年）で国内2位、人口密度も国内2位となっています。

中国に比較的近い立地であるため、中華系の文化が見られるとともに、フランスの植民地時代の影響から西洋文化も色濃く残っています。多様な文化が入り混じった、独特の雰囲気があるのがハノイ市です。

政治の中心地であり、世界各国の企業がハノイ市に拠点を置いています。このため、ホーチミン市同様、労働者階級層から上流階級層まで住んでおり、不動産もローエンドからハイエンドまで多岐にわたります。

ハノイ市で日本人が不動産を購入するエリアは、「中心エリア」「西部エリア」「東部エリア」の3つに大きく分けられます。それぞれの特徴を見ていきましょう。

観光スポットが点在する中心エリア

ハノイ市の中心エリアの中でも、最も中心となるのは、建国の父であるホー・チ・ミンの墓であるホーチミン廟周辺です。首都であり政治の中枢らしく、ベトナム国会議事堂やベトナム共産党中央局、外務省などの各省庁、多くの政府機関がこの周辺に集まっています。

ホーチミン廟周辺の北側には西湖（タイ湖）があり、クアンタン寺などがあります。東側にはハノイ旧市街があり、南側には鉄道の始発駅であるハノイ駅があります。

ハノイ市には、フランスの植民地時代に建てられた歴史ある建築物がたくさんあり、ヴィラなどもフランス風です。旧市街にあるハノイ大教会をはじめ、古くからの教会や寺院もあり、ハノイ歌劇場（オペラハウス）やベトナム軍事歴史博物館、ベトナム美術博物館などもあるため、歴史ある街の雰囲気を感じることができます。

また、ハノイ市の中心エリアの東側には、北から南にホン川が流れ、西湖以外にも小さな湖がたくさんあるのも特徴の1つです。

大学などの高等教育機関や総合病院、サッカースタジアムなどスポーツ施設も多く点在しています。

ハノイ市の中心エリアは、観光地でもあるため、5つ星ホテルをはじめとした数多くのホテルがあります。

中心エリアの不動産開発はすでにほぼ終わっており、商業施設を除けば、新築物件はあまり多くはありません。

西部エリアは、外国人が多く住む高級住宅街

中心エリアから車で20〜30分程度と交通の利便性が高く、治安も良い、暮らしやすい高級住宅街となっているのが西部エリアです。中心エリアで働く外国人の多くは、この西部エリアのコンドミニアムに住んでいます。

イオンのショッピングモールがあったり、レストランが多かったりと、生活がしやすいエリアです。このため人気も高く、次に紹介する東部エリアよりも不動産価格は高めです。

この西部エリアも不動産開発はほぼ終わっており、新築物件が少ないことも、価格が高くなっている理由の1つだと考えられます。

なお、ビンホームズが開発した「スマートシティ」は、この西部エリアにあります。

不動産開発が急ピッチで進む東部エリア

中心エリアと西部エリアがほぼ開発が終わっているのに対して、現在、開発が進行中なのが東部エリアです。

中心エリアからホン川を渡った東部エリアの不動産開発が進んでいるのは、そのさらに東側にあるバクニン省や南東に接するフンイエン省にテクノロジー企業が集まる工業団地などが多数あるからです。ハノイ市中心エリアからこのフンイエン省までは、車で1時間かかりません。さらに東に行くと、古くからの港湾都市ハイフォンがあります。このハイフォンでも、ハノイ市の中心エリアから高速道路を使えば、1時間半で行くことができます。

こうしたことから、工場で働く人たちを中心に、東部の住宅の人気が上がっており、新興住宅地として開発が進んでいるのです。

住民が増えるにつれて、東部エリアにもイオンのショッピングモールや、ビッグCというショッピングセンターができました。緑地も多く、自然あふれる公園や「ビンパールサファリ」などのエンターテインメント施設もつくられ、経済的にも東部エリアは大きく発展しています。

ビンホームズがこの東部エリアに10年前に開発したのが「リバーサイド」です。高級ヴィラを中心に建てられ、近くにはゴルフ場もつくられました。東部エリアはハノイ市の中心から非常に近いため、高級住宅街として開発されたのです。

そして現在、ビンホームズが開発中なのが、中心エリアから東南側に位置する「オーシャンパーク」です。オーシャンパークには、オーシャンパーク1、オーシャンパーク2、オーシャンパーク3があり、1だけでもその開発面積は約4・2㎢あります。全体では約12㎢にもなります。オーシャンパークからハノイ市の中心地までは、時間帯によっても変わりますが、すいていれば車で30分かかりません。ノイバイ国際空港には約45分、北部の工業団地の集積地として知られているハイズオン省やバクニン省にも30~40分ほどで行くことができます。さらに、港湾都市ハイフォンまでも1時間ほどと、非常にアクセスが良いのが特徴です。

オーシャンという名がついている通り、開発敷地内には人工の海（湖）がつくられており、オーシャンパーク1にある海水の湖は泳ぐこともできます。オーシャンパーク2の海水の湖では、人工で波まで起こしています。

ハノイ市の東側には開発計画が進むプロジェクトがいくつもあり、今後さらに人気が高まることが期待されています。

高級リゾートホテルが建ち並ぶダナン市

ホーチミン市、ハノイ市に続いて紹介するのがダナン市です。ホーチミン市やハノイ市に比べると、都市の規模は小さくなりますが、それでもダナン市は、ベトナム第3の都市です。

ダナン市は、首都ハノイ市の南、約760キロメートルのところにあり、ホーチミン市からは北に約960キロメートルに位置します。面積は約1280㎢で、北のハノイ市、南のホーチミン市のちょうど中間に位置する、中部地域最大の都市です。人口は、2023年に約120万人でしたが、毎年約1万5000人が移民することで、2030年には180万人になると予想されています。

ダナン市の西側は山で、東側は東海（南シナ海）です。「ホワイトサンズ」と呼ばれる白い砂浜のビーチが観光地として非常に有名で、このビーチを中心にリゾート地として発

リゾート地としても
人気の高い港町ダナン

展してきました。

ダナン湾は、ベトナム最古で最大の港町でもあります。このため、各所に遺跡などもあり、歴史を感じることもできるエリアです。

ビーチ沿いには、高級リゾートホテルが並んでおり、日本のホテル三日月が運営するダナン三日月もあります。ダナン三日月は5つ星ホテルで、ウォーターパークや、天然ではありませんが温泉もあります。

ダナン市の海外沿いは、すでに不動産開発がほぼ終わっており、現在、大型の開発プロジェクトの予定はありません。ただ、内陸部には開発の余地が残されており、進行中のコンドミニアムの開発もあります。

美しい白浜と風光明媚な島々があるニャチャン

ニャチャンも、ダナン市同様の観光ビーチリゾート都市です。ベトナム南部の東海岸沿いにあるカインホア省の省都であり、面積は約250㎢、人口は約53万人の小都市です。

ホーチミン市から北東へ約450キロメートルのところにあり、2024年4月にはホーチミン市からニャチャンまでの高速道路が開通したため、ホーチミン市から車で、約5時間で行けるようになりました。白砂のビーチが5キロメートルにわたって続き、ビーチ沿いには高級ホテルをはじめ数多くのホテルが並んでいます。内陸部の自然豊かなエリアにも、高級リゾートホテルが点在しています。

ニャチャンがダナン市と違うのは、風光明媚な島々も観光スポットである点です。沖合の島々は、サンゴ礁が広がる自然保護区で、ダイビングスポットとしても有名です。ホンムン島やホントレ島、チャンパ王国の歴史的文化遺物であるポナガルタワーなど、自然の美しさと文化遺産がともに楽しめるエリアです。

ニャチャン湾で最大のホンチェ島を開発したビングループによって、1993年に「ビンパールニャチャン」の開発が始まりました。島には「ビンワンダー」（ビングループのビンパール子会社が運営している遊園地）というテーマパークもつくられ、5つ星ホテルや水族館、動物園、ゴルフ場などもあります。ホンチェ島へはフェリーだけでなく、世界最長のロープウェイで海上を渡って行くこともできます。

ニャチャンへの不動産投資としては、ホテルコンドミニアムが主ですが、内陸部にあるコンドミニアムを買うこともできます。

歴史的文化遺産とビーチリゾートが共存するニャチャン

6章

おすすめ物件情報

ハン

購入は1200万円前後から可能

6章では、さらに投資の解像度を上げていただくために、具体的に購入可能なおすすめの物件を紹介します。

ホーチミン市やハノイ市の不動産には、高級物件から比較的安価な物件まで幅広くあります。一般的には、次の3つに大きく分けられます。

・ラグジュアリー（ハイエンド）クラス：高級物件
・ミドルクラス：中級物件
・アフォーダブルクラス：手頃な物件

ホーチミン市の中心エリアにあるラグジュアリークラスの物件なら、1LDKは50〜60㎡、2LDKは80㎡前後、3LDKは100〜150㎡の広さになります。

あくまで目安ですが、それぞれのクラスの1㎡当たりの相場は次のようになります。

ラグジュアリークラス：約1万米ドル（1ドル150円換算で150万円）
ミドルクラス：3000～4000米ドル（同45万～60万円）
アフォーダブルクラス：1800～2800米ドル（同27万～42万円）

日本人がホーチミン市で物件選びをする場合、まず中心エリア（1区、3区、フーニャン区、ビンタイン区）の物件から検討する人が多いのは間違いありません。

投資家はそれぞれ、自身の予算に応じた好立地物件を探します。その中でロケーションを最優先にするのは、それが将来的な不動産価格の上昇に直結するから、というのが大きな理由でしょう。

特に日本人は、もう1つの条件として、利回りが安定している物件を好む傾向がありま す。このため、同じ2000万円の予算であっても、借りやすさや売りやすさを優先して1000万円の物件を2つ買う人もいれば、高い家賃を安定して受け取れそうな2000万円の広い物件を買う人もいます。ホーチミン市やハノイ市であれば、1200万円前後で購入できる物件もありますので、購入のハードルは低いのではないでしょうか。

なお、コンドミニアムの部屋の間取り図を見ると、「NSA（Net Salable Area）」と「GSA（Gross Salable Area）」という表記が掲載されています。NSAは正味の所有面積のことで、GSAは共有部分を含んだ所有面積を表します。購入の際には、きちんと確かめるようにしましょう。

地元の有力デベロッパー、マスタライズホームズ

デベロッパー選びの重要性については3章で述べました。最大手であるビンホームズやノバランドのほかに、ベトナムにおける大手のデベロッパーとして、マスタライズホームズ（Masterise Homes）があります。

マスタライズホームズは、ベトナムの地元デベロッパーでありながら、高級ホテルブランドのマリオットと提携してプロジェクト開発を行うなど、高級路線を目指している印象があります。このため、住宅のクオリティは非常に高いと言えます。

ただし、注意すべき点もあります。ベトナムでは物件購入後、ピンクブック（登記簿）が発行されるまで2年前後かかることが多く、発行前に購入した物件を売る場合、多くの

デベロッパーは正規の購入者であることを証明する書類を発行してくれます。しかし、マスタライズホームズはそれをしません。つまり、ピンクブック発行まで購入物件を売ることができないのです。

不動産投資の場合、ある程度の長期保有が前提ですから、それほど大きな問題ではありませんが、もし何らかの理由で早期に売りたくなったときには支障が出る可能性があることは、リスクとして理解しておくとよいでしょう。

ホーチミン市に強い不動産会社、カン・ディエン

マスタライズホームズよりも歴史あるデベロッパーのカン・ディエン（Khang Dien）も紹介しておきます。カン・ディエンは、主にホーチミン市の不動産開発や販売などを20年以上にわたって行っている不動産会社です。２０１０年2月に、ホーチミン証券取引所に上場。２０２２年には、ベトナムで最も市場価値の高い不動産会社になりました。

カン・ディエンの特徴として挙げられるのが、まずリーガル面がとてもしっかりしていることです。それぞれの物件のピンクブックまで取得してから販売を開始しますので、安

心して購入することができます。

また、工事の品質が高くデザイン性も良いため、人気のある物件が多いこと、それらの強みによって、開発したプロジェクトはすぐに完売し、計画通りに引き渡しが行われていることもポイントです。

有名な開発プロジェクトとして「ザ・クラシア（The CLASSIA）」があります。トゥドゥック市のヴォー・チー・コン大通りに面した利便性の高いエリアに、4・3ヘクタールを開発し、低層住宅176戸とともに病院や学校、ショッピングセンターなども建設され、2022年から引き渡しが始まっています。

「街区」開発か否か

ビンホームズやマスタライズホームズ、カン・ディエンなどは、地元ベトナムのデベロッパーであることから、その地域一帯を「街区」として開発しています。つまり、学校や病院、ショッピングモールや公園など、生活に必要な施設が、その開発区の中にすべて揃っているということです。

他方、海外のデベロッパー、たとえば、香港のホンコンランド（Hongkong Land）やシンガポールのメープルツリー・インベストメンツ（Mapletree Investments）などは、高層のシングルタワーを開発していることが多く、こうしたプロジェクトは、住宅のクオリティは非常に高いのですが、街区ではないので、周辺に必要な施設があるとは限りません。近隣の施設や生活環境を確認することは、自分が住む場合はもちろん、投資目的であっても、借りる外国人やベトナム人は、その点を当然ながら考慮しますので、物件を検討する際、とても大切なポイントです。

これは、「街区」でなければだめだというわけではなく、シングルタワーでも、下層階にスーパーマーケットなどのショップが入っていることもあります。生活必需品などが建物内で買える場合もありますので、それらを見極めたうえで選ぶことが大切です。

なお、日本企業の場合は、単独でシングルタワーを開発するよりも、地元のデベロッパーと提携して、開発街区の中の、1つの区画を開発することが多いと言えます。

では、実際の物件を見ていきましょう（物件には開発中のものも含まれます）。

ホーチミン市の物件

グランドパーク(Grand Park)
▼所在エリア：トゥドゥック市（旧9区）
▼デベロッパー：ビンホームズ（「ザ・オリガミ」区画と「ザ・ビバリー・ソラーリ〈その中でThe Oasis、The Tropical、Glory Heightの3つの小区画に分けられる〉」区画は、三菱商事・野村不動産との共同開発）
▼価格帯：1㎡当たり2000～4000米ドル（ミドルクラス）

ホーチミン市の中心エリアまで車で約35分、タン・ソン・ニャット国際空港まで車で約45分という交通の利便性が高いエリアにビンホームズが開発しているプロジェクトです。2025年の年末に開通予定の環状3号線が開通すれば、中心エリアまで車で約20分となり、さらに交通の利便性が高まります。また、2025年開港予定のロンタイン国際空港

図表6-1◎ホーチミン市の物件

も、車で約30分の距離です。

ショッピングモールはもちろん、学校やスポーツ施設が併設されており、子どもから高齢者まで全世代に適した生活環境が提供されています。広大で緑豊かな公園や人工のビーチ、大型プール、キャンプができる広場、ゴルフ練習場などもあります。２０２４年には、36ヘクタールの公園にビンワンダーも建設され、年内に開園する予定です。

また、最先端のスマートシティとなっており、現金なしで買い物ができるのはもちろん、移動の利便性を高める交通アプリも導入されています。ＡＩ搭載カメラなどの設置で居住地域のセキュリティも万全で

ザ・オリガミ（The Origami）

ザ・ビバリー（The Beverly）

ザ・ビバリー・ソラーリ（The Beverly Solari）

す。

ベトナム人の若いカップルに人気のプロジェクトとなっており、将来的にも賃貸需要が下がることはないと予想されています。

２０１９年に発売された「ザ・レインボウ（The Rainbow）」区画は、約１万戸が17日間で完売しました。

２０２０年に発売された「ザ・オリガミ（The Origami）」区画は、約１万戸がほぼ完売しています。

２０２１年に発売された「ザ・ビバリー（The Beverly）」区画は、約３０００戸が売れました。

２０２２年に発売された「ザ・ビバリ

ー・ソラーリ（The Beverly Solari）」区画は、11日間で約6000戸が売れました。同区画内のグローリーハイツ（Glory Height）小区画も2023年7月に販売を開始し、34時間以内に2000戸以上のデポジット契約が締結されました。

このように順調な販売実績で、グランドパーク・プロジェクトの約4万戸のうち、すでに9割近くが完売しています。本プロジェクトの販売は2025年までに終える予定で、今後は、ビンホームズによるホーチミン市の西側の開発が始まり、2025年に販売が開始される予定です。

ザ・オーパス・ケー（THE OPUS K）

▼所在エリア：トゥドゥック市（旧2区・トゥーティエム半島）
▼デベロッパー：ソンキムランド、コック・ロック・ファット
▼価格帯：1㎡当たり7000〜8000米ドル（ラグジュアリークラス）

ホーチミン市の中心エリアとトンネルによってつながっている、注目の新都市トゥーテ

ザ・オーパス・ケー（THE OPUS K）

ィエム半島（旧2区）。住宅街に加えて、新たなビジネス街、高級ホテル、病院、学校の建設が予定されており、周囲からも大きな期待が寄せられているエリアです。そんなトゥーティエム半島の、さまざまなサービスセンターの中心として開発される複合施設が「ザ・オーパス・ケー」です。

高級アパートメント、ショッピングモール、オフィス、ブティックなどの建設が予定されているだけでなく、プールなどの豪華な付帯施設はもちろん、周辺にも多様なエンターテインメントが用意され、居住者の働く場としても、生活の場としても、満足度の高い最高の施設となることが期待されています。

また、そのデザインの先進性や品質などが高く評価され、2023年、専門家の審査による「アジア太平洋不動産賞」の5部門を受賞。さらに、国外の富裕層から注目を集める不動産開発プロジェクトとなっています。

ザ・リヴァス（THE RIVUS）

▼所在エリア：トゥドゥック市（旧9区・ビンホームズ「グランドパーク」内）

▼デベロッパー：マスタライズホームズ
▼価格帯：1㎡当たり1万〜2万1780米ドル（ラグジュアリークラス）

1982年に設立され、現在、世界22カ国に展開するワールドワイドなファッションブランド、「エリーサーブ（ELIESAAB）」が、東南アジア最大級のレジデンス開発会社マスタライズホームズと組んで開発に着手したプロジェクトです。エリーサーブは上流階級の顧客向けに仕立てられた繊細なオートクチュール作品で知られ、そのスタイリストは世界で最も影響力のある5人にも選ばれています。

そんなエリーサーブがアジアで初めて手掛けるこの住宅は、作品同様に、世界の富裕層向けに、同等かそれ以上の価値を提供するためにつくられます。ドンナイ川沿岸の緑豊かな木々に囲まれたすばらしいリゾートスタイルで、ホーチミン市の中心エリアからも程近いところにあります。

121棟の高級ヴィラには、エリーサーブの名が刻まれ、ブランド邸宅としての価値を高めることになるでしょう。外装にも内装にも、希少な素材をふんだんに使用。インテリアにも特別な仕様がほどこされており、住宅におけるオートクチュールとなるはずです。

ザ・リヴァス(THE RIVUS)

グランドマリーナサイゴン（Grand Marina Saigon）

▼所在エリア：ホーチミン市1区（ベンニェ地区）
▼デベロッパー：マスタライズホームズ
▼価格帯：1㎡当たり1万4000米ドル（ラグジュアリークラス）

最高級コンドミニアムとの呼び声が高い「グランドマリーナサイゴン」は、世界的な高級ホテルブランドとして有名なマリオットが展開・運営し、室内のデザインや家具などもマリオットが選び抜いた最高級のものとなっています。

日本でも2023年に開業した麻布台ヒルズには、世界的なラグジュアリーホテルであるアマンホテルが、アマンレジデンス東京を展開しています。日本ではまだ少数ですが、東南アジアなどでは、このように世界的なホテルブランドが、ホテルとともにレジデンス（住宅）の運営を行うことが一般的になっています。

グランドマリーナサイゴンには、8棟のコンドミニアムが建設されますが、そのうちの

グランドマリーナサイゴン(Grand Marina Saigon)

5棟は最高級クラスの「JWマリオットレジデンス」、残りの3棟は「マリオットレジデンス」となります。

グランドマリーナサイゴンがあるのは、ホーチミン市の中心エリアである1区の中でも中心地、サイゴン動植物園や日本人街から徒歩数分の場所です。サイゴン川に面しており、ヨットやボートのマリーナが併設されているのは、その名の通りです。

2024年開通予定のメトロ1号線の3番目の駅、バソン駅のエントランスが敷地内にあり、交通の利便性がさらに高まることは間違いなく、ホーチミン市内最高の立地と言っても過言ではありません。

隣接する、ビンホームズが開発した「ゴールデンリバー（Golden River）」は、2016年に発売され、あっという間に完売した人気物件でした。日本で言うところのタワーマンションが6棟建ち、人気を博したのです。

現在、グランドマリーナサイゴンも人気を集めており、1LDKでも7500万～8000万円と高額です。

ザ・グローバルシティ（The Global City）

▼所在エリア：トゥドゥック市（旧2区・アンフー地区）
▼デベロッパー：マスタライズホームズ
▼価格帯：1㎡当たり6000～7000米ドル（ラグジュアリークラス）

フォスター・アンド・パートナーズ（Foster＋Partners）と提携して開発されているプロジェクトです。フォスター・アンド・パートナーズは、イギリスの有名な建築家、ノーマン・フォスターによって設立された設計事務所です。

高層のタワーマンションではなく、低層のホリゾンタルスタイルのプロジェクトです。多くは5階建てで、1階には多種多様なショップが入る予定になっていますが、外国人はショップ部分は購入できません。

高速道路のインターまで車で約1分のため、ホーチミン市の中央エリアまで約15分、タン・ソン・ニャット国際空港まで約35分と、交通の利便性は高い場所にあります。

ザ・グローバルシティ（The Global City）

インタビュー

NOMURA REAL ESTATE VIETNAM CO.,LTD　保泉雄大様

（2024年3月）

大きな経済発展が期待できるベトナムに日本で培ったナレッジで貢献を

プロフィール

2009年、野村不動産入社。入社後、住宅事業本部に所属し、分譲住宅の用地取得、営業、担当物件のチーフを担当。海外留学派遣を経て、2020年より海外事業二部に異動し、ベトナム事業を担当。2021年よりベトナムに赴任。

当社は、東南アジアではタイのバンコクやフィリピンのマニラなどにも進出し、不動産開発を手掛けてきました。ベトナムのホーチミン市でも、2015年の「ミッドタウン・プロジェクト」を皮切りに、いくつかの不動産開発を推進しています。

ベトナムは、タイやフィリピンに比べると、社会インフラの整備がまだそれほど進んでいません。たとえば、首都ハノイ市でメトロが開通したのは2021年11月で、ホーチミン市では2024年にようやく開通する予定です。つまりベトナムは、社会インフラにしても、住宅にしても、現在まさに開発が進行中で、それだけ経済成長の余地が大きく残されている国と言えるのです。

また、人口も増加が続いており、国民の平均年齢も若く、所得も着実に増加していますす。これから大きく経済発展することが期待できる国であることから、私たちもベトナムの不動産開発に特に力を注いでいます。

しかもベトナムには、2大都市ハノイ市とホーチミン市の中心地のほど近くに、大規模開発が可能な土地がまだ残されています。私たちは、日本で不動産デベロッパーとして培った「街づくり」のノウハウを、こうした大規模開発に活かすことで、ベトナムの人たちに貢献していきたいと考えています。

現在推進中の大規模開発の1つが「グランドパーク・プロジェクト」です。約271ヘクタールの大規模タウンシップ開発であり、ベトナム最大手不動産デベロッパーであるビンホームズとの共同開発プロジェクトです。

ビンホームズは現地の人たちからの信頼が厚く、高いブランド力があります。他の不動産開発プロジェクトでは、遅延が発生することも多々ありますが、ビンホームズは計画通りに開発を進めることに定評があり、安全、安心な不動産をこれまでも数多く開発し提供してきました。私たちにとっても信頼できるパートナーです。

そんなビンホームズが手掛ける「グランドパーク」には、大型ショッピングモールや学校、人工ビーチを備えた広大な公園、遊園地なども建設される予定です。敷地内に何もかもが揃っており、単に利便性が高いだけでなく、豊かで楽しい生活を送ることができる「街」なのです。これだけの規模の大型不動産開発は、ホーチミン市内でも唯一無二と言えるでしょう。

当社は、グランドパークのフェーズ2「ザ・オリガミ」とフェーズ3「ザ・ビバリー・ソラーリ」「グローリーハイツ」に参画しています。フェーズ2の販売は順調に推移しており、2022年2月から引き渡しが開始されているため、すでに多くの人たちが住み、賑わいや活気を感じられる街となっています。

購入されているお客様は、現地の「アッパーミドル」と呼ばれる人たちが多く、「グランドパークに住むことは、ベトナム人にとってステイタスだ」と話されたお客様もいました。自分が住むための自宅として購入される方と、投資目的で購入される方が半々ぐらいでしょうか。投資目的で購入された方は、賃貸物件として貸し出しています。

フェーズ3も、販売は順調に進んでおり、フェーズ3のエリアはショッピングモールのすぐ横で、フェーズ2よりも生活の利便性は高いと言えます。このショッピングモールには、ニトリや無印良品などが入店しています。

ベトナムの不動産市況は、新型コロナウイルスのパンデミックや、大手不動産会社社長の逮捕など悪いニュースが続いたこともあり、近年は低迷していました。住宅ローン金利が10%を超えていたのも不動産購入を手控える要因となっていました。

それが、2024年に入って金利は10%を切り、預金金利も同様に下がったことで、預金するよりも不動産を購入したほうが将来的に良い投資になると考える人が増えるなど、消費者心理が大きく変わりつつあると感じています。欧米人やインド人などの観光客も日に日に増えており、街にはコロナ前の活気が戻ってきました。飛行機のチケットが取れないといった話も聞きますし、景気が回復するだけでなく、新たな経済成長を期待できる兆しが見えているのかもしれません。

グランドパークから車で約15分の場所には、新たに開通するメトロの駅ができ、駅までは路線バスが走る予定です。また、敷地内を通る環状3号線が完成すれば、車やバイクでの移動の利便性も各段に高まります。

このような交通インフラがさらに充実することで、グランドパークの資産価値が上がり、こうした点も人気の要因になっていると考えています。

ハノイ市の物件

オーシャンパーク(Ocean Park)
▼所在エリア：ハノイ市東側エリア（ザーラム地区）
▼デベロッパー：ビンホームズ
▼価格帯：高層マンションが1㎡当たり2000～3000米ドル（アフォーダブルクラス）、低層（一戸建て、ヴィラ）が1㎡当たり4000～7000米ドル

ハノイ市中心エリアまで車で約30分、ノイバイ国際空港までは高速道路を使えば車で約45分という立地であり、さらに将来的にはメトロ8号線が通る予定で、敷地内に駅のエントランスもできる予定です。

ハノイ市の東側にあるバクニン省には、キヤノンなど多くの工場があります。また、経済的に発展中のハイズオン省や、古くからの港町ハイフォンに行くにも便利なため、こう

図表6-2◎ハノイ市の物件

した工場や商業施設で働く人たちが、多く住んでいます。

オーシャンパークの開発プロジェクトは、1~3に分かれています。

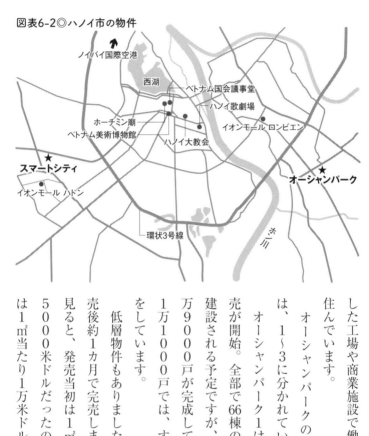

オーシャンパーク1は、2018年に販売が開始。全部で66棟のコンドミニアムが建設される予定ですが、現在は31棟、約1万9000戸が完成しており、そのうち約1万1000戸では、すでに居住者が生活をしています。

低層物件もありましたが、大人気で、発売後約1カ月で完売しました。転売実績を見ると、発売当初は1㎡当たり4000~5000米ドルだったのが、2023年には1㎡当たり1万米ドルにまで上がってい

オーシャンパーク(Ocean Park)

ます。

面積が約25ヘクタール（東京ドーム5個分以上）ある人工の淡水湖には、幅35メートルの白砂のビーチが広がります。多様な淡水魚が生息しており、周囲には多くの樹木が植えられています。

スポーツ施設も充実しており、サッカー、バレーボール、バスケットボール、テニス、バドミントンなどの施設が全部で約150カ所あります。それ以外に、ウォーキングやジョギング、サイクリングができる8・5キロメートルのコースや、スイミングプールも14カ所備えています。

幼稚園から小学校、中学校、高校、大学まで教育機関があるのはもちろん、300を超える病室を擁する国際総合病院も併設。さらにショッピングとエンターテインメントの場としては、総床面積が約5万6000㎡あるビンコム・メガモールがあり、多くの人たちで賑わっています。

オーシャンパーク1の中心には、スマートオフィスビルとして建設された45階建てのテクノパークタワーがあります。

なお、オーシャンパーク1には三菱商事と共同で開発している区画（15棟）もあり、2

022年10月に発売されて以降、2023年第4四半期から現在に至っても大人気で、売れ行きは好調です。

オーシャンパーク1が高層コンドミニアムだったのに対し、オーシャンパーク2と3は、現在、低層のみ開発が進んでおり、日本人を含む外国人が買える物件もあります。高層コンドミニアムも、今後、開発される予定です。

オーシャンパーク2は、ハノイ、ハイフォン、ハロンの経済三角地帯を結ぶ大動脈であるハノイ‐ハイフォン高速道路の玄関口に位置するため、交通の利便性が高いことが特徴の1つです。

2つのショッピングセンターと2つの病院、それに40もの学校があり、ビンユニバーシティ（大学）やテクノパークセンターなども建設されました。

ロイヤルウェーブパークは18ヘクタールある海洋施設で、世界最大の波のある人工ビーチを擁し、アジア最大の塩水湖、1万㎡の砂漠公園などもあります。

また、キングダムアベニューは、フランスの有名な「シャンゼリゼ通り」にたとえられる華やかな大通りとなっています。

投資家の宝物であり、富裕層の楽園であると称されています。

オーシャンパーク3は、オーシャンパーク1と2の間にあり、低層コンドミニアムが8458棟、中高層コンドミニアムが10棟建設される予定です。販売は2022年に開始されています。

オーシャンパーク1同様、スポーツ施設や教育機関、病院、ショッピングセンターなどが整備されているほか、オーシャンパーク1以上にリゾート施設が充実しており、いくつものウォーターパークがつくられています。

こうしたことから、オーシャンパーク3は、外国人から注目を集めるだけでなく、ベトナム人からも熱い視線が送られています。

ヴィラにはシングルタイプとセミシングルタイプがあり、平均販売価格は、1㎡当たり約6000~7000米ドルでした。

現在販売中の物件は、オーシャンパーク1の高層物件が1000万~4000万円台、オーシャンパーク2と3の低層物件が5000万~1億円台となっています。

スマートシティ(Smart City)

▼所在エリア：ハノイ市西側エリア（ナムトゥリエム地区）
▼デベロッパー：ビンホームズ
▼価格帯：1㎡当たり2000～3500米ドル（ミドルクラス、アフォーダブルクラス）

2018年に着工し、2019年から販売が開始されている「スマートシティ」は、ハノイ市の中心エリアまで車で約15分、ノイバイ国際空港まで約40分の距離に位置します。将来的には、メトロ5号線、6号線、7号線が通る予定で、交通の利便性が期待できます。

58棟の高層コンドミニアムが建設され、約4万5000戸になります。このうち最初の8棟は、2020年に購入者への引き渡しが完了しました。2023年末時点で、約半数の引き渡しが終わっており、すでに入居者が生活を始めています。

面積約10ヘクタールのセントラルパーク、約５ヘクタールのセントラルレイク（人工の淡水湖）があり、スポーツ施設やレジャー施設なども整備されています。その中には、ゼンパークという日本庭園もあり、スマートシティの特徴の１つと言えます。

教育機関や国際総合病院があるのはもちろん、多種多様なショッピング店やエンターテインメント施設、レストランなどが多数集まるビンコム・メガモールもあります。

スマートシティの市街地に位置するサクラ（Sakura）区画は、日本のサムティ（Samty）グループによって開発されました。サムティは大阪に本社があり、不動産の開発や賃貸だけでなく、ホテルの開発・保有・運営事業も行っている企業です。

シンガポール企業のキャピタルランドも15棟の開発に関わっています。

なお、部屋タイプとしては、スタジオタイプ（28～30㎡）、１ＬＤＫ（プラス）（40～46㎡）、２ＬＤＫ（プラス）（60～66㎡）、３ＬＤＫ（80～90㎡：１棟に数部屋しかない）があります。

このほかにも、ハノイ市の中心エリアには、リッツカールトンが運営している高級物件がありますが、１㎡当たり約１万５０００米ドルと非常に高額です。安いものは、１㎡当

スマートシティ（Smart City）

たり約6000米ドルからありますので、セカンドハウスとして考えてみてもいいかもしれません。

（ハイフォン市・ダナン市・ニャチャンの物件）

■ハイフォン市の物件

ロイヤルアイランド(ROYAL ISLAND)

▼所在エリア：ハイフォン市の中心街に隣接する三方を川に囲まれた島
▼デベロッパー：ビンホームズ、野村不動産ほか
▼価格帯：1㎡当たり3200～7200米ドル（低層の場合、価格は土地単位で計算）

「ロイヤルアイランド」は、ビンホームズと野村不動産などが共同開発し、2024年3月に販売が開始されました。1カ月で7割が完売するなど、販売は順調です。

プライベートビーチ付きの豪華な別荘（ヴィラ）タイプの低層住宅で、野村不動産が参画しているエリアには、和風のヴィラも多くつくられています。総面積は877ヘクタールと広大で、36ホールのゴルフ場もあれば、乗馬学校のロイヤルホースアカデミーや、テーマパーク（ビンワンダー）、高級ヨット専用マリーナ、ビンメック国際総合医療センターなども敷地内にあります。

豊かな自然に囲まれ、穏やかな気候のため、リゾート地としての人気も高く、ロイヤルブリッジを渡って10分ほど車で走ると、ハイフォン市の中心街です。カットビ国際空港からも程近く、ハノイ-ハイフォン高速道路もあり、ハノイ市にも車で1時間ほどで行くことができます。

なお、外国人は購入はできませんが、50年の長期賃貸契約が可能です。

■ダナン市の物件

FPTプラザ2(FPT PLAZA2)

▼所在エリア：ダナン市グーハンソン区
▼デベロッパー：FPTダナン
▼価格帯：1㎡当たり1800～2100米ドル

ＦＰＴダナンは、ベトナムの大手ＩＴ企業であるＦＰＴソフトウェア傘下のデベロッパーです。

「ＦＰＴプラザ２」は、総面積９０９６㎡、地下２階、地上25階の建物です。１階にはエントランスや受付をはじめ、23のショップハウス、２階には、アパートメント10戸のほか、スイミングプール、ジム、コミュニティルームなど、そして３階から25階までが販売物件となり、２ベッドルームタイプが30戸あります。１戸の面積は70～75㎡。広いリビングルーム、バルコニーにつながるキッチン、２ベッドルームがあり、「優しく、明るく、自然あふれる」スマートなデザインとなっています。

FPT PLAZA 2
MIỀN TRUNG
Món Quà
CHO TUỔI THƠ
TRỌN VẸN
PLAZA 2

PLAZA 2
MIỀN TRUNG
MƠ GÌ VỀ
"CĂN NHÀ MƠ ƯỚC"
GIÁ CHỈ
26
CON CÁI ĐI HỌC GẦN
BA MẸ ĐI LÀM GẦN
HỒ BƠI 4 MÙA
MUA SẮM NHANH CHÓNG
CỘNG ĐỒNG VĂN MINH
SERVICE

PLAZA 2
Sảng khoái
VỚI HỒ BƠI 4 MÙA

FPTプラザ2

FPTプラザ2は、FPTシティの中心部にあるため、商業施設はもちろん、小学校から大学までの教育機関、病院、公園、スイミングプール、ジムなどもシティ内の近隣にあります。

■ニャチャンの物件

リベラ・ナ・トラン(LIBERA NHA TRANG)

▼所在エリア：ニャチャン（カインホア省）
▼デベロッパー：マスタライズホームズ（ブランド協力）
▼価格帯：1㎡当たり1900～2700米ドル

「リベラ・ナ・トラン」は、経済発展著しいニャチャンにあるコンドミニアムの物件です。「ロイヤルアイランド」同様、外国人は50年間の賃貸契約のみ可能です。

ニャチャンは、観光地としての発展とともに不動産市場の成長が見込まれています。特にロシア人に人気で、冬休みの時期には、避暑ならぬ避寒に来る人たちが大勢います。また近年は、中国人や韓国人の観光客も増えています。

カインホア省は、２０３０年までに中央政府による直轄都市になる予定です。２０２４年にニャチャン高速道路が開通したことで、ホーチミン市までの車での移動時間が約４時間に短縮されました。それまでの交通手段は飛行機が主だったため、移動にかかる費用が格段に安くなり、今後さらに人気が高まるリゾート都市として期待されています。

リベラ・ナ・トランには、44ヘクタールの土地に３つのプライベートビーチがあり、これまでにない唯一無二の海辺のアパートメント開発プロジェクトとなっています。

スペインの大手ホテルチェーンであるメリアホテルズの、高級リゾートブランド「グランメリア」の１つとして開発されており、世界で15番目のグランメリアとなります。

おわりに

ベトナムは今、非常に明るい未来を見据えています。

国民の平均年齢が約31歳と、まだ人々が若く活気があり、人口も1億人を超えて、これからも増えていくと予測されています。経済的にも順調に成長しており、それにともなってベトナム人の収入も右肩上がりを示しています。

一方、いろいろな点でまだまだ発展の途中でもあります。不動産市場も成長過程にあり、外国人に解禁されてから、まだ10年ほどしか経っていません。そのため、ベトナム不動産の価格も上向きではあっても、世界的に見れば、まだまだ安いと言えます。

ベトナム不動産への投資は、賃貸収入によるインカムゲインと、何年後かに不動産を売ったときに得られるキャピタルゲインの、両方を狙うことができます。

人口が多い中間層の収入が増えてきたため、ベトナム不動産の賃貸価格は毎年上がっています。不動産を購入できるベトナム人も、今はまだ少ないですが、少しずつ増えており、10年後、20年後には、今以上に多くなっていることは間違いありません。つまり、将来的に価値の上がった不動産の買い手が増えるということです。ビジネスのためにベトナムに住む外国人も、さらに増えているでしょう。

今後も成長し、透明性が高まっていくであろうベトナム不動産市場は、間違いなく需要が伸びていくと考えられています。それでいてまだ割安なベトナム不動産を、日本人が購入し、賃貸物件としてベトナム人に貸し出せば、日本人は収入が得られ、ベトナム人はワンランク上の生活を送ることができます。

ベトナム不動産への投資は、日本人にとっても、ベトナム人にとってもメリットが大きい、ウィンウィンの投資なのです。

ベトナム人の多くは、日本を、日本人を尊敬しています。日本製のものは、今も昔もベトナムで大人気です。２０２３年、日本を訪れたベトナム人は57万人を超えました。日本人もベトナム料理や雑貨などが大好きだと聞いています。ベトナムを観光で訪れる日本人も多く、コロナ前には、その数は年間95万人を超えていました（２０１９年）。

日本とベトナム、日本人とベトナム人の相性が良好であることは、私の経験から見ても、間違いないと思います。

こうしたことから、日本の投資家の皆さんに、ベトナム不動産の現在の状況を知っていただきたいと考え、本書の出版に挑戦しました。無事に本が出版されたことを安堵するとともに、大変うれしく思っています。

もちろんベトナムの魅力は、不動産だけではありません。美しい景色や面白い文化、貴重な遺跡など、自分自身で実際に触れ、ベトナムという国そのものを、より深く知ってほしいと思います。そのためにも、ぜひ1人でも多くの日本の方に、この本を読んでいただきたいと願っています。

最後に、早くからベトナムの不動産開発に投資を行い、弊社のパートナーでもある野村不動産のベトナム法人、NOMURA REAL ESTATE VIETNAM CO.,LTD の東伸明社長に感謝申し上げます。日本人投資家に、ベトナム不動産の魅力をあますことなく伝えてもらっていることに、私たちはいつも助けられています。

本書の出版に当たっては、坂田博史氏とＰＨＰエディターズ・グループの小室彩里氏に大変お世話になりました。日本語を話すことはできる私も、日本語の文章を書くことは難しく、お二人の力なくして出版は不可能でした。お二人にはぜひベトナムに来て、ベトナムの美しさ、面白さ、おいしさを味わってもらいたいと思っています。
共著者として、企業パートナーとして、いつもアドバイスをくださる風戸裕樹さんにも感謝申し上げます。本書も、風戸さんのアドバイスによって内容がより充実し、わかりやすくなりました。
そして、私のアシスタントであるグェン・ゴック・チさんにも心からの感謝を伝えたいと思います。資料集めや関係者への連絡など、いろいろな面で助けられました。ありがとうございました。

人生において、実際に体験することが大切である、ということは言うまでもありません。多くの日本の方が、ベトナム不動産への投資という体験を通して、「自らの資産を着実に増やす」「ベトナムの発展と成長に貢献する」ことで、さらに幸せな人生を引き寄せてほしいと願っています。

２０２４年９月

VietnamGroove ＣＥＯ　レ・ティ・タン・ハン

[装幀]
根本佐知子(梔図案室)

[編集協力]
坂田博史

[本文写真]
筆者提供

[図表作成]
ティー・ハウス

章扉写真
ベトナムで最も高い建築物「ランドマーク81」および
「ビンホームズセントラルパーク」(ホーチミン市ビンタイン区)

〈著者略歴〉

風戸裕樹（かざと　ひろき）

Property Access 株式会社代表取締役

2004年早稲田大学商学部卒業。不動産仲介、不動産投資ファンド勤務を経て、2010年不動産仲介透明化フォーラム（FCT）設立。業界の先駆的存在として、不動産仲介手数料無料のサービスを始める。また、売却エージェントサービス「売却のミカタ」を開始し、全国にFC展開。

2014年FCT社はソニー不動産のグループ企業となり、ソニー不動産執行役員として事業拡大に貢献。その後、シンガポールに移住してProperty Access株式会社を創業。シンガポール、フィリピン、米国、日本に支社展開。日本最大の国際不動産フェア「世界の家・投資フェア」を主宰している。

国際的な不動産コンファレンスで日本代表として講演し、「オールアバウト」「ダイヤモンド不動産」ほか、不動産専門家としての寄稿も多数。NHKを始め、多くのメディアに取り上げられている。Xのフォロワーは2.6万人。

レ・ティ・タン・ハン

VietnamGroove CEO、ホーチミン市YBA青年起業家

ベトナム大使館および領事館と協力のもと、日本でのイベントの主催者および講演者を務め、両国政府関係者が集まる大型セミナーで講演するなど日越の懸け橋となっている。2022年にはベトナムの優秀な青年起業家に贈られるレッドスター賞を受賞。ホーチミン市YBA青年起業家国際関係委員会委員長、ホーチミン市不動産協会会員、ASEAN2020青年起業家フォーラム実行委員会メンバー、2021ベトナム青年起業家協会中央委員会会員。

幸せを引き寄せるベトナム不動産投資

2024年10月25日　第1版第1刷発行

著　者　風戸裕樹
　　　　レ・ティ・タン・ハン
発　行　株式会社ＰＨＰエディターズ・グループ
　　　　〒135-0061　東京都江東区豊洲5-6-52
　　　　☎03-6204-2931
　　　　https://www.peg.co.jp/
印　刷
製　本　シナノ印刷株式会社

ISBN978-4-910739-63-2